LOS SECRETOS
DE LOS MANUSCRITOS
DEL MAR MUERTO

Dominique Lormier
con prólogo de Josep Maria Albaigès i Olivart

LOS SECRETOS DE LOS MANUSCRITOS DEL MAR MUERTO

A pesar de haber puesto el máximo cuidado en la redacción de esta obra, el autor o el editor no pueden en modo alguno responsabilizarse por las informaciones (fórmulas, recetas, técnicas, etc.) vertidas en el texto. Se aconseja, en el caso de problemas específicos —a menudo únicos— de cada lector en particular, que se consulte con una persona cualificada para obtener las informaciones más completas, más exactas y lo más actualizadas posible. EDITORIAL DE VECCHI, S. A. U.

De Vecchi Ediciones participa en la plataforma digital zonaebooks.com
Desde su página web (www.zonaebooks.com) podrá descargarse todas las obras de nuestro catálogo disponibles en este formato.

© Editorial De Vecchi, S. A. 2018
© [2018] Confidential Concepts International Ltd., Ireland
Subsidiary company of Confidential Concepts Inc, USA
ISBN: 978-1-64461-064-0

El Código Penal vigente dispone: «Será castigado con la pena de prisión de seis meses a dos años o de multa de seis a veinticuatro meses quien, con ánimo de lucro y en perjuicio de tercero, reproduzca, plagie, distribuya o comunique públicamente, en todo o en parte, una obra literaria, artística o científica, o su transformación, interpretación o ejecución artística fijada en cualquier tipo de soporte o comunicada a través de cualquier medio, sin la autorización de los titulares de los correspondientes derechos de propiedad intelectual o de sus cesionarios. La misma pena se impondrá a quien intencionadamente importe, exporte o almacene ejemplares de dichas obras o producciones o ejecuciones sin la referida autorización». (Artículo 270)

Índice

Prólogo 9
Introducción 13
El descubrimiento de los manuscritos del Mar Muerto 21
El contenido y la clasificación de los textos 29
Lectura y datación de los textos 39
El yacimiento arqueológico de Qumrán 45
El judaísmo y el misterio de los esenios 67
Jesús, la mística judeocristiana y los esenios 81

Documentos anexos
Archivos de la Escuela Bíblica de Jerusalén 147
Bibliografía y fuentes principales 151
Del mismo autor, en francés 155

Prólogo

Nos hallamos ante una obra sorprendentemente seria y completa sobre uno de los temas más apasionantes de nuestro tiempo. El libro del profesor Dominique Lormier incide en un misterio científico que ha tenido la extraña cualidad de interesar a lo largo del siglo xx por igual a creyentes y no creyentes, a judíos y cristianos, y este interés no ha disminuido ni un ápice en el siglo xxi. Un misterio que va mucho más allá de una simple confirmación, por vía directa, de verdades conocidas o del descubrimiento de otras nuevas. Se ha dicho muchas veces que la ciencia no es tan importante por las preguntas que responde como por las que plantea, y esto se da con los famosos manuscritos de Qumrán.

La historia se rige por una cadena inextricable de casualidades. Hizo falta que se perdiera una cabra en un rincón de Palestina, que su pastor Mohammed edh-Dhib (que ya tiene un átomo de historia asegurado), buscándola, encontrara la entrada de una cueva oculta durante dos milenios, y que, al arrojar una piedra al interior para tantear su profundidad, diera en una de las tinajas que guardaban el tesoro arqueológico más sorprendente de los que se encontraron en el siglo xx. Los manuscritos de Qumrán acababan de ser descubiertos.

A partir de aquí, los descubrimientos y su puesta en contacto con el mundo culto se sucedieron vertiginosamente. Nuevas cuevas, nuevas tinajas repletas de rollos, viajes de ida y vuelta de estos a través del Atlántico, compras, cesiones y especulación no siempre afortunada. Pero, a través de todas estas incidencias, un trozo de pasado de excepcional importancia se proyectaba sobre nosotros. Los esenios dejaban de ser una secta casi desconocida, nombrada vagamente por Plinio *el Viejo*, para cobrar un innegable realismo y un sorprendente protagonismo a través de su obra, que llegaba a hermanarlos con la aparición del cristianismo.

Pero a esta fase relampagueante le sucedió otra mucho más lenta y reposada, que dura hasta la actualidad. Los manuscritos, en un estado de conservación muy deficiente, tienen que ser ensamblados como un gigantesco rompecabezas, y se han de suplir con imaginación los fragmentos que faltan, que son la mayoría del legado.

No hay duda de su autenticidad: las pruebas del carbono 14 testifican que son de una época entre el siglo I a. de C y el II d. de C. Pero, con todo, incluso este revolucionario y exacto método de fechado presenta un cierto grado de indeterminación, que ha hecho suponer que algunos de los escritos podrían remontarse incluso a la revuelta judía de Simón Bar Kokhba contra los romanos, en el año 135, de la que resultó el exilio definitivo del pueblo hebreo. ¿Estamos ante unas muestras de la evolución del judaísmo a lo largo de unos siglos críticos de su historia?

En la interpretación de los manuscritos se ha desplegado todo el arsenal de medios técnicos y de ingenio imaginables. El fechado mediante la prueba del carbono 14 es sólo el punto de partida: se ha llegado a grados de sofisticación tan sutiles como casar los distintos fragmentos del manuscrito mediante las huellas repetidas que sobre el rollo original había dejado un insecto que lo perforó. ¡Incluso, para eliminar todo riesgo de error, se ha garantizado la unicidad de este mediante la prueba del ADN! En fin, que toda la panoplia de modernas técnicas ha sido puesta al servicio de lo que sin duda es la investigación más importante de los siglos XX-XXI sobre los orígenes de nuestra actual cultura.

La tarea, por tanto, continúa y continuará durante muchos años. Ha llegado a decirse que esta lentitud obedecía a inconfesables propósitos, pero hay que desechar este pensamiento más propio de prensa amarilla: la increíble complejidad del rompecabezas es la úni-

PRÓLOGO

ca causa del régimen de cuentagotas con que se dan a conocer los resultados.

¿Y cuáles van siendo estos resultados hasta ahora? En realidad, la mayoría de los textos no son bíblicos, sino relativos a la organización de la secta, pero todos tienen para nosotros un interés inestimable. En particular, los religiosos deben ser cotejados con los más antiguos existentes… y con los no existentes, pues en los manuscritos aparecen novedades desconocidas. Algunas de las particularidades más sorprendentes vienen dadas por el hecho de que no figuran en las biblias actuales. Los textos contienen profecías desconocidas de Daniel, Jeremías y Ezequiel. También nuevos escritos de José, Judas y otros desconocidos en la Biblia actual, así como salmos ignorados del rey David. El Rollo de Isaías es casi idéntico al Libro de Isaías de la Biblia moderna, pero otros textos desvelan ligeras diferencias, como una versión del libro de Jeremías que se distingue por la extensión y el orden del relato. Numerosos salmos presentes en la Biblia son también diferentes, especialmente los 90 y 150, dispuestos en otro orden. Incluso algunos textos completamente nuevos han requerido nuevos autores, y son atribuidos a célebres personajes bíblicos, como Moisés y José.

Todo esto obliga a plantearse una pregunta: ¿es la Biblia canónica actual simplemente una entre mil posibles recopilaciones de textos, la mayoría ya perdidos, que un recopilador seleccionó un día y que por puro azar ha llegado hasta nosotros? ¿Descansa todo el judaísmo en uno de los mil posibles caminos, como la piedra que dio en la tinaja?

Más aún: los manuscritos contienen una serie de nuevos textos veterotestamentarios, cuyo destino se nos ofrece problemático. ¿En qué medida deben ser desechados como ausentes del canon oficial? Tradicionalmente, la exégesis bíblica ha optado por el camino más fácil: desechar los nuevos descubrimientos, considerándolos variantes «apócrifas». Pero la enormidad y la fuerte trabazón de los manuscritos entre sí y con los conservados hasta hoy plantean una severa inquietud ante este cómodo recurso, pues los fragmentos encontrados corrigen posibles errores de copistas en la Biblia tradicional (por ejemplo, cuando se fija la altura de Goliat en dos metros y no en los tres —¡o los seis!— registrados en los libros bíblicos). Y en otras ocasiones, completa y da sentido a fragmentos incompletos de determinados episodios, consiguiendo que se puedan entender.

El lector atento no dejará de maravillarse y hacerse preguntas, objetivo sin duda perseguido por el profesor Lormier. Pero este va todavía mucho más allá. A partir de los textos investiga las convergencias entre la mística cristiana y la judía, ¡incluso algunos aspectos discutidos del cristianismo cobran nueva luz! Uno de ellos, por ejemplo, de enorme trascendencia: por primera vez se halla una prueba arqueológica de la existencia real de Jesucristo. Un famoso pasaje de Flavio Josefo, en el que se hablaba del Mesías, había sido siempre objeto de una fuerte crítica, atribuyéndolo a una interpolación de los copistas cristianos posteriores. Sin embargo, un fragmento hallado en Qumrán reproduce el texto completo: a partir de ahora no hay duda sobre la existencia real del fundador del cristianismo, e incluso esta religión cobra un alcance histórico del que hasta ahora carecía.

He aquí una obra que ningún interesado en nuestras propias raíces debería desconocer. Su lectura debe ser recomendada a todo el mundo. Quizás a través de las preguntas que plantea surgirán nuevos puntos de vista sobre nosotros mismos.

JOSEP M. ALBAIGÈS I OLIVART
Autor de *Los misterios del Templo de Salomón*

Introducción

El descubrimiento de los manuscritos del Mar Muerto es considerado uno de los acontecimientos arqueológicos más importantes del siglo XX. Se trata de unos documentos que pueden aportar nuevos datos sobre el judaísmo y los primeros tiempos del cristianismo. Desde que fueron descubiertos en 1947 todos los especialistas más prestigiosos han querido estudiarlos a fondo, y no han dejado de suscitar numerosos debates e investigaciones. Estos misteriosos textos continúan siendo hoy día objeto de controversias porque todavía quedan en el aire numerosas preguntas.

Contrariamente a lo que a veces se ha afirmado, los manuscritos del Mar Muerto no son en absoluto los textos religiosos más antiguos que se conservan. Los expertos están de acuerdo en que fueron redactados entre los años 250 a. de C. y 70 d. de C., mientras que los de las pirámides de Egipto se remontan a unos 2650 años antes de Cristo. Sin embargo, los del Mar Muerto son los más importantes descubiertos hasta ahora, porque ese periodo coincide con el tiempo en que vivió Jesucristo (4 a. de C.-33 d. de C.). Se trata, por tanto, de textos que tienen un inmenso valor tanto para el cristianismo como para el judaísmo.

Estos documentos fueron los más protegidos del mundo desde su descubrimiento hasta que, en 1991, fueron puestos en su totalidad a disposición de los investigadores y del gran público. Desde entonces han sido expuestos en muchas grandes ciudades de diferentes países y siempre han suscitado un interés creciente en todo el mundo. A ellos se han dedicado numerosos libros, artículos y reportajes de televisión.

LOS MISTERIOS DE LOS MANUSCRITOS DEL MAR MUERTO

Una de las cuestiones más importantes para los arqueólogos bíblicos, así como para todos los amantes de la historia religiosa, es saber hasta qué punto estos documentos pueden confirmar o modificar todo lo que hasta hoy día sabemos de la Biblia. De hecho, cuando la noticia de su descubrimiento se hizo pública, se produjo una notable preocupación por lo que su contenido podía revelar. ¿Iban a quedar cuestionadas las afirmaciones de la Biblia y del judaísmo, así como algunos dogmas del cristianismo, o por el contrario confirmarían lo que ya sabemos del judeocristianismo? El proceso de recomposición y traducción de los textos descubiertos, ya próximo a su finalización, permite hacerse una idea exacta de su contenido.

«Uno de los descubrimientos más sorprendentes con relación a los manuscritos del Mar Muerto —escribe John DeSalvo— fue la constatación de que incluían textos hasta ahora inéditos sobre personajes bíblicos conocidos, como Noé, Abraham y Henoch. Esto nos ha permitido descubrir relatos que no figuran en nuestra Biblia, cuyo autor sería Moisés, e incluso profecías de las que jamás habíamos oído hablar. Uno de los apartados más fascinantes de los manuscritos del Mar Muerto trata de asuntos como el fin de los tiempos o el anticristo. Resulta verdaderamente interesante comparar esta narración con la procedente del Libro de la Revelación».[1]

Apartados completos de estos manuscritos tratan acerca de la adivinación, la astrología y los ángeles. Según los especialistas, los manuscritos del Mar Muerto incluían originalmente, antes de que se deterioraran, destruyeran o perdieran, más de ochocientos textos completos. Los investigadores no han podido recuperar más que una pequeña parte de los rollos completos de los manuscritos; en general, sólo fragmentos parciales. A pesar de ello, decenas de miles de ellos se han podido recuperar y recomponer gracias a un considerable trabajo de restauración.

Uno de los descubrimientos más apasionantes ha sido constatar la existencia de convergencias y similitudes entre las creencias de los

---

1. John DeSalvo, *Les manuscrits de la mer Morte. Secrets et histoire,* Evergreen, 2008.

INTRODUCCIÓN

autores de estos textos y el cristianismo naciente, y especialmente la idea de la llegada de un mesías, el rito del bautismo y la visión apocalíptica del fin del mundo. Hoy día, siguen manteniéndose diferentes polémicas a propósito de esta cuestión.

Algunos autores cristianos rechazan cualquier conclusión apresurada y demuestran las notables diferencias que existen entre algunos de estos textos y la doctrina oficial de la Iglesia.

No debe olvidarse que cualquier texto puede haber sido redactado más tarde de la fecha en que comenzó a transmitirse oralmente de generación en generación. La mayor parte de los especialistas en la Biblia estiman que la tradición oral de los Evangelios (relatos dedicados a la vida de Jesús) comenzó después de la muerte de Cristo (en torno al año 30 d. de C.) y sólo fue objeto de una primera redacción entre los años 70 y 90 d. de C.. El fragmento más antiguo descubierto del Nuevo Testamento data del año 125 d. de C. Los manuscritos del Mar Muerto fueron redactados, al menos una pequeña parte, en vida de Jesús.

Los arqueólogos y los historiadores están en condiciones de determinar la fecha en que fueron redactados algunos textos, gracias a las nuevas técnicas científicas de datación, como por ejemplo el carbono 14. Como ya hemos dicho anteriormente, los textos de las pirámides de Egipto son los escritos religiosos o sagrados más antiguos conocidos hoy día. Se trata de textos que fueron grabados en la piedra de las paredes interiores de las cámaras de diferentes pirámides, así como en las sepulturas y los sarcófagos de Saqarah (la primera pirámide). Los egiptólogos consideran que fueron escritos en tiempos del Imperio antiguo, entre los años 2650 y 2175 a. de C. aproximadamente. Son textos con fórmulas e instrucciones orientadas a conducir al difunto en su viaje hacia el más allá. También contienen fórmulas mágicas.

Los Vedas, textos redactados en sánscrito, son los más antiguos de la religión hinduista hallados en la India. Están divididos en mantras, conjuros, rituales y otras enseñanzas espirituales. Existen cuatro Vedas, de los que el más antiguo, el Rigveda, fue compuesto en torno a los años 1500-1300 a. de C.

El Enuma Elish, relato mesopotámico acerca de la creación, escrito en acadio sobre siete tablillas de arcilla descubiertas en 1849 en la biblioteca de Asurbanipal en Nínive, es anterior al relato del Génesis del Antiguo Testamento. El origen de las tablillas se remonta a un periodo situado ente los años 1800 y 1100 a. de C. El Enuma Elish explica que la existencia del hombre estaba dedicada al servicio de los dioses, de los que el principal era Marduk.

El Antiguo Testamento, también conocido con el nombre de *Escrituras hebreas*, data de entre los siglos XII y II a. de C. Escrito en hebreo, y algunos pasajes en arameo, fue redactado por numerosos autores. Las copias más antiguas parece que se remontarían a la Edad Media, como el manuscrito del Código de Alepo, datado en el año 950 d. de C. Los manuscritos del Mar Muerto se adelantan a estas copias medievales en unos mil años.

El origen del Bhagavad-gita, texto sagrado de la India, se remonta al año 300 a. de C. Se trata principalmente de un diálogo entre el soldado Arjuna y el dios Krishna. El texto habla también del yoga, vía espiritual que permite alcanzar el despertar, un estado de paz interior más allá del sufrimiento. Existen principalmente tres tipos de yoga: el yoga de la devoción (*bhakti* yoga), el yoga de la acción adecuada (karma yoga) y el yoga del conocimiento (*jnana* yoga). Se trata de tres yogas complementarios que permiten a quien los practica liberarse del ciclo nacimiento-muerte (reencarnación) y alcanzar la consciencia divina del Nirvana.

La redacción del Nuevo Testamento, texto sagrado de los cristianos, se remonta aproximadamente a los años 70-90 d. de C. La mayor parte del texto fue redactada en griego antiguo. El fragmento más antiguo de este texto está escrito en un papiro que se ha datado entre los años 125 y 150 d. de C. Fue descubierto en Egipto en torno a 1920 y hoy día está depositado en la biblioteca John Rylands de Manchester, en Gran Bretaña.

Son muchos los que confunden los manuscritos del Mar Muerto con los textos de Nag Hamadi, descubiertos en 1945 en el desierto, cerca de la población egipcia del mismo nombre. Están formados

INTRODUCCIÓN

por doce códigos redactados en copto sobre papiro, que se conservaron en un jarrón sellado durante más de mil quinientos años antes de ser descubiertos por un campesino de la zona. El conjunto reúne cincuenta y dos tratados, cuyo origen se remonta al siglo III de nuestra era. Algunos de estos textos fueron redactados en torno a los años 100-200 d. de C. El Evangelio de Tomás es el más conocido de todos. Estos manuscritos permiten arrojar luz sobre numerosos aspectos del cristianismo místico de los primeros tiempos.

«El corpus de los Evangelios —nos dice el teólogo Jean-Yves Leloup— se enriqueció, después del descubrimiento de los manuscritos de Nag Hamadi, con numerosos textos muy interesantes atribuidos a Tomás, Felipe e incluso Pedro. Entre ellos, el Evangelio de María es el único atribuido a una mujer; escrito hacia el año 150, es un testimonio precioso de aquel cristianismo primitivo. Miriam de Magdala, aquella María Magdalena que fue el primer testigo de la Resurrección, transmitió en él las enseñanzas secretas que había recibido en una visión. La canonizada pecadora de los Evangelios se muestra entonces como la amiga íntima de Jesús, la detentadora de una palabra ocultada incluso a los apóstoles…

»El Evangelio de Felipe es un texto gnóstico del siglo II d. de C. que debió servir de catecismo para los iniciados. Se considera un testimonio original sobre la vida y la enseñanza de Cristo. Atribuido a uno de los discípulos más próximos a Jesús, permite descubrir una figura quizá más humana, muy libre en sus propósitos y en sus actitudes frente a los hombres y las mujeres de su entorno. El personaje de María Magdalena, "compañera" del Maestro, toma una importancia especial y pone el acento en el matrimonio iniciático entre lo masculino y lo femenino, imagen del retorno a la Unidad original.

»El Evangelio de Tomás, igualmente descubierto en 1945 en Nag Hamadi, es sin duda el más célebre de los evangelios apócrifos, y también el más singular, dado que nos explica la vida y los milagros de Jesús, nos acerca el mensaje de su enseñanza en ciento catorce *logia* o aforismos. Algunos son comunes con los Evangelios canónicos, pero la mayor parte arrojan nueva luz sobre la figura de Cristo, que aparece como un maestro espiritual con acento gnóstico, cuya voz llama a la meditación tanto como a la acción».[2]

La gnosis, procedente de la misma palabra griega que significa «conocimiento» o «sabiduría», descansa en un conocimiento de tipo intuitivo más allá de los conceptos y de los análisis externos. Se trata de una experiencia interior profunda, un proceso continuo de revelación del espíritu que busca unirse a Dios o al Infinito, más allá de la realidad relativa de los conceptos y los análisis. Durante los primeros siglos del cristianismo, un gran número de grupos diferentes se presentaban como gnósticos que consideraban esenciales la revelación y la experiencia individual. Dado que daban un papel importante a lo femenino, el conflicto con el pensamiento machista de la época resultaba inevitable. La práctica de la oración de quietud o del silencio propia de la tradición mística cristiana, reconocida por la Iglesia, se emparentó con esta vía espiritual mística y se aproximó a la meditación budista, a algunas formas espirituales contemplativas del yoga de la India, al judaísmo y al sufismo.

Con frecuencia se produce una confusión entre gnosis y gnosticismo, movimiento sectario de comienzos de la era cristiana. Esta confusión procede de los delirantes escritos de diferentes sectas integristas católicas. La gnosis ortodoxa supone un camino espiritual de purificación, una consagración a la búsqueda de la Verdad interior. Es la sabiduría perenne de los místicos de todas las grandes tradiciones espirituales, como el intendente San Clemente de Alejandría o Juan Casiano. Esta gnosis es vista como la continuación de las enseñanzas de los apóstoles; algunas cuestiones se remontan al judaísmo y a otras tradiciones. La humildad y la paz interior son la base para progresar. El amor, la compasión, la alegría altruista, la sabiduría y la serenidad son sus frutos. El gnosticismo es en sí mismo un «conocimiento» intelectual esotérico, reservado a los iniciados que se sitúan

---

2. Entrevistas del autor con Jean-Yves Leloup, septiembre de 2008. Véase también *L'Évangile de Marie, l'Évangile de Philippe et l'Évangile de Thomas*, traducidos al francés y comentados por Jean-Yves Leloup, Albin Michel, 2003.

INTRODUCCIÓN

a sí mismos por encima del vulgo y viven en clanes cerrados. El conocimiento de estos «secretos» basta para salvarse, al margen de toda exigencia moral. Ello provoca en los sectarios un orgullo desmesurado, y una aproximación a menudo dualista y maniquea al mundo, una confusión que, en definitiva, arroja descrédito sobre la gnosis ortodoxa, que es una auténtica mística espiritual.

El Corán, principal texto religioso de los musulmanes, fue escrito en árabe en el siglo VII d. de C. Es considerado la palabra de Alá (Dios) revelada al profeta Mahoma por el arcángel Gabriel. El Corán se articula en ciento catorce capítulos.

Fue varios siglos después de la muerte de Mahoma cuando un califa decidió reunir todos los fragmentos del texto, a fin de disponer de ellos en un único libro.

Los siete manuscritos de seda de Mawangdui, descubiertos en los años setenta del siglo pasado en tres tumbas que datan del siglo II a. de C., cerca de la ciudad de Changsha, en la provincia china de Hunan, son los textos médicos más antiguos encontrados hasta la actualidad en ese país.

En 1992, en la gruta de Dunhuang, en la China central, al oeste de Xian, se descubrieron cuatrocientas noventa y dos cavidades que contenían más de cincuenta mil manuscritos budistas que databan de los siglos IV al XII.

Si volvemos a los manuscritos del Mar Muerto, vemos que se daban todos los elementos para hacer de Qumrán un fenómeno arqueológico excepcional: «Un descubrimiento rocambolesco en la Palestina atormentada de la posguerra —escriben Jean-Baptiste Humbert y Estelle Villeneuve—, un tesoro de textos referidos a las fuentes del judaísmo y del cristianismo, de repercusión científica, política y mediática, y también la sombra de aquellos piadosos esenios a menudo resurgidos de los textos antiguos en el sorprendente entorno del Mar Muerto».[3]

---

3. Jean-Baptiste Humbert y Estelle Villeneuve, *L'affaire Qumrân. Les découvertes de la mer Morte,* Gallimard, 2006.

El descubrimiento de los manuscritos del Mar Muerto

La historia de los manuscritos comenzó entre noviembre de 1946 y febrero de 1947 cerca de la orilla noroeste del Mar Muerto, en Tierra Santa, aproximadamente a catorce kilómetros al sur de Jericó, en una región árida, junto al yacimiento arqueológico de Qumrán. El Mar Muerto, situado entre Israel y Jordania, es la cuenca marina que se encuentra a menor altura del mundo. Este lago salado, a casi cuatrocientos metros por debajo del nivel del mar, tiene aproximadamente ochenta kilómetros de longitud por dieciséis de anchura.

El valle era hace miles de años un inmenso lago; sin embargo, durante milenios el nivel del agua no ha dejado de descender a la vez que ha ido cavando profundos canales en la roca. Al quedar expuestos al aire libre, estos últimos se secaron y formaron profundas cavidades y grutas. Este complejo conjunto de cuevas, en el que la aridez de la región ayuda a la preservación de objetos, y en el caso que analizamos, de manuscritos antiguos, constituyó el enclave ideal para esconderse u ocultar tesoros.

Todo parece que dio comienzo, como si de un cuento oriental se tratara, cuando un joven pastor llamado Mohammed edh-Dhib buscaba una cabra que se le había extraviado, durante el invierno de 1946-1947. Mientras caminaba sobre una de las inmensas rocas, le llamó la atención una gruta abierta, en la que dejó caer una piedra y la cual le devolvió un eco semejante al de una vasija rota. El joven pastor se adentró en la caverna y distinguió en medio de la penumbra un montón de jarras. Al día siguiente, Mohammed edh-Dhib volvió acompañado por sus primos Khalil Musa y Juma Mohammed Khalil para inspeccionar el lugar. Los tres descubrieron unas cuarenta jarras que medían aproximadamente sesenta centímetros de altura y que en su mayor parte estaban vacías. No obstante, Mohammed edh-Dhib encontró en una de ellas tres manuscritos que parecían muy antiguos. Dos de los tres manuscritos estaban envueltos en una tela de lino. Todos estaban deteriorados y alguno tenía ya un color verdoso propio de la descomposición.

Estaban también recubiertos por una sustancia parecida a la pez o al alquitrán, a fin de protegerlos. Los textos hallados eran un comentario de Habacuc, la Regla de la comunidad (también llamada *Manual de disciplina*) y el gran rollo de Isaías.

En Belén, a las puertas del desierto, los tres beduinos pensaron en cómo obtener beneficio de su descubrimiento entre los anticuarios que había en la ciudad. Se presentaron en la tienda de Khalil Iskandar Sahin, zapatero aficionado a las antigüedades, que les compró los rollos por cinco dólares. Durante el verano de 1947, Khalil Musa y un amigo de Sahin volvieron a la gruta para intentar descubrir otros rollos. Entonces hallaron otros cuatro. Creyeron que estos materiales antiguos podían tener algún valor histórico y Sahin buscó cómo descubrir el misterio. Cristiano de la Iglesia siria, se dirigió al metropolitano (obispo) Mar Athanasius Yeshua Samuel de la iglesia ortodoxa siria de San Marcos de Jerusalén. El metropolitano le compró cuatro de los siete rollos que le llevaron por una suma apenas superior a los treinta dólares. Esos cuatro rollos correspondían a una copia casi completa del manuscrito de Isaías, del comentario de Habacuc, de una paráfrasis de algunos pasajes del Génesis y de la Regla de la comunidad.

Con la esperanza de vender los otros tres rollos, Sahin entró en contacto con miembros del Instituto Americano de Investigación Oriental de Jerusalén. John Trever, miembro del instituto, tomó fotos de algunos de esos rollos, a fin de publicarlas posteriormente.

EL DESCUBRIMIENTO DE LOS MANUSCRITOS DEL MAR MUERTO

Durante el mismo periodo, Eleazar L. Sukenik, profesor de arqueología en la Universidad Judía de Jerusalén, oyó hablar de estos rollos y decidió comprarle a Sahin los tres restantes. El resultado fue que acababa de adquirir el Rollo de la guerra, el Rollo de los himnos y una copia completa de Isaías. Fue necesario esperar hasta abril de 1948 para que el público conociera la existencia de los manuscritos del Mar Muerto, cuando Sukenik y los científicos norteamericanos hicieron algunos comunicados a la prensa.

El 29 de noviembre de 1947, mientras Sukenik continuaba con la cuestión en Belén, el Consejo Superior de las Naciones Unidas, reunido en Nueva York, adoptaba la resolución 181, que preveía la partición de Palestina y la creación de dos Estados independientes, uno judío y otro árabe. El 14 de mayo de 1948, David Ben-Gurion proclamó la creación del Estado de Israel. Al día siguiente, los ejércitos de Egipto, Siria y Jordania, ayudados por contingentes libaneses e iraquíes, comenzaron el ataque contra Israel. Entre el nuevo Estado y las orillas del Mar Muerto se levanta desde entonces una frontera que la guerra árabe-israelí ha hecho infranqueable. Este conflicto alcanzó una tregua en julio de 1948, que permitió realizar una prospección de la región de Qumrán, yacimiento donde habían sido descubiertos los manuscritos. A finales de enero de 1949, la cueva donde habían sido encontrados los rollos fue identificada por el capitán de la ONU Philippe Lippens. Poco después pasó a ser conocida como la *cueva 1 de Qumrán*.

El metropolitano Samuel, apurado por la necesidades económicas de su Iglesia, decidió vender los cuatro rollos que había adquirido. En 1949 viajó a Estados Unidos con el objetivo de asentar su Iglesia ortodoxa siria en América y sacar provecho de los manuscritos. Sin embargo, durante varios años, no logró encontrar posibles compradores. El precio que pedía, varios millones de dólares, era considerado siempre demasiado elevado. Al no lograr venderlos a ningún coleccionista particular, decidió, en 1954, publicar en el *Wall Street Journal* un anuncio de venta de los manuscritos en estos términos:

«Los cuatro manuscritos del Mar Muerto: vendo manuscritos bíblicos que datan de al menos doscientos años antes de Cristo. Regalo ideal para ofrecer a una institución educativa o religiosa, por parte de una persona o grupo. Apartado de correos F206, *Wall Street Journal*».[4]

Por los malabares del azar, el hijo del profesor Sukenik se encontraba en Estados Unidos cuando apareció el anuncio en la prensa. Aunque su padre acababa de morir hacía un año, decidió comprar los rollos al precio de 250 000 dólares. En seguida consideró la posibilidad de enviarlos a Israel para que formaran parte de la colección permanente del país. Así, los siete manuscritos quedaron en adelante expuestos en el Santuario del Libro del Museo de Israel en Jerusalén.

El Departamento de Antigüedades de Jordania, la Escuela Bíblica y Arqueológica Francesa de Jerusalén, fundada en 1890 por el padre dominico Marie-Joseph Lagrange, y el Museo Rockefeller, creado en 1927, organizaron una completa excavación de la gruta entre el 15 de febrero y el 5 de marzo de 1949. El director del Departamento de Antigüedades de Jordania, Gerald Lankester Harding, así como el director de la Escuela Bíblica, el dominico Roland de Vaux (1903-1971), dirigieron los trabajos. Los nuevos descubrimientos realizados durante la excavación fueron confiados para su estudio al dominico Dominique Barthélemy. El padre de Vaux invitó después a un experto polaco que se encontraba en Roma, Jozef Tadeusz Milik, a colaborar con Dominique Barthélemy.

Mientras a finales del año 1951 se realizaba una nueva campaña de excavaciones en el yacimiento de Qumrán, el verano de ese mismo año los beduinos de la región llevaron de nuevo al mercado de antigüedades de Jerusalén unos manuscritos descubiertos en las cuevas del sur de Qumrán, a veinticinco kilómetros de la Ciudad Santa, cerca del Mar Muerto. A principios del año siguiente, los arqueólogos de la Escuela Bíblica y sus colegas de otros institutos y museos se desplazaron con prisas hacia aquel enclave a fin de salvar todo lo que pudieran

---

4. Archivos del Museo Arqueológico de Palestina, Jerusalén.

y evitar la disgregación y el pillaje de los beduinos y de los comerciantes de antigüedades. Esa acción permitió encontrar otros textos.

En febrero de 1952, los beduinos volvieron a Qumrán y encontraron, más al sur de la primera gruta, una segunda cueva con más manuscritos. Los arqueólogos acudieron rápidamente y, del 10 al 29 de marzo, inspeccionaron hasta ocho kilómetros del acantilado de Qumrán. Fueron estudiadas más de cuarenta grutas, que sólo ofrecieron vasijas de barro. Finalmente fue descubierta una tercera cueva con manuscritos, en la que también había pergaminos y dos láminas de cobre enrolladas y grabadas con caracteres hebreos cuadrados. En julio, los beduinos volvieron a «inundar» el mercado de Jerusalén con diversos documentos, como papiros nabateos, fragmentos de textos de doce profetas menores en griego, textos arameos y fragmentos bíblicos. Procedían de grutas de incierta localización. Las instituciones científicas de Jerusalén compraron los documentos, a fin de evitar que se dispersaran.

En julio de 1952, los beduinos descubrieron, a unos quince kilómetros al sureste de Jerusalén, restos de una biblioteca monacal situada en el sótano de una fortaleza, *marda* en arameo, que contenía manuscritos redactados en griego, en arameo de la época bizantina y en árabe, todos agrupados en una cámara subterránea. El profesor Robert de Langhe fue enviado al lugar por la universidad belga de Lovaina y trabajó en el yacimiento en abril de 1953.

A comienzos de septiembre de 1952, los beduinos saquearon una cuarta gruta en Qumrán. Algunos días más tarde, estos mismos beduinos se dirigieron a las instituciones científicas para venderles su botín. Los arqueólogos intentaron localizar esta nueva gruta, pero los beduinos, conscientes de su importancia, no hicieron sino facilitarles pistas falsas. Sin embargo, algunos de ellos acabaron por confesar al padre dominico de Vaux el lugar exacto en el que se encontraba. La Escuela Bíblica alertó entonces a la policía de Jericó, que apareció en el momento oportuno y puso en fuga a los ladrones. Roland de Vaux y Jozef Milik llegaron al yacimiento el 22 de septiembre.

«La gruta —escribieron Farah Mébarki y Émile Puech—, accesible por un estrecho paso, está llena de polvo y lodo seco que cubre... los rollos. De un montículo de tierra, Jozef Milik extrajo fragmentos de un manuscrito que reconoció inmediatamente: ¡era el Libro de Henoch! Los miembros de la escuela, del museo y del Departamento de Antigüedades de Jordania recogieron en una semana cientos de fragmentos. Por otra parte, los manuscritos robados por los beduinos fueron comprados, de forma dispersa y después de negociaciones que duraron hasta 1956, por el Gobierno jordano, las universidades McGill de Montreal (Canadá), de Mánchester (Gran Bretaña) y de Heidelberg (Alemania), el Seminario Teológico de McCormick de Chicago (Estados Unidos), la Biblioteca Vaticana y la Escuela Bíblica y Arqueológica Francesa (Jerusalén), y después entregados al Museo Arqueológico de Palestina en Jerusalén. Algunos fragmentos adquiridos por particulares quedaron fuera de la colección reunida en esta ciudad».[5]

En diciembre de 1952, los arqueólogos descubrieron una quinta cueva con manuscritos cerca de las ruinas de Qumrán. Los fragmentos de piel se deterioraban al entrar en contacto con el aire. Milik intentó protegerlos enrollándolos, cubriéndolos con papel y colocándolos en los tubos destinados a conservar las películas de fotografía. Hasta la primavera de 1955, los arqueólogos identificaron cuatro nuevas cuevas que guardaban unos pocos manuscritos. A principios de 1956, los beduinos, en cambio, descubrieron en la undécima cueva un número importante de fragmentos de rollos.

Tras el descubrimiento de la cuarta gruta, un equipo internacional de expertos se reunió a fin de estudiar los textos descubiertos en las cuevas de Qumrán. El equipo estaba compuesto, entre otros, por Jean Starcky y Jozef Tadeusz Milik (del Centro Nacional de Investigación Científica de París), Frank M. Cross (del Seminario Teológico de Mc Cormick de Chicago), Patrick W. Skehan (de la Universidad Católica de Washington), John M. Allegro (de la Universidad de

---

5. Farak Mébarki y Émile Puech, *Les manuscrits de la mer Morte*, Éditions du Rouergue, 2002.

Mánchester), John Strugnell (del Instituto Jesús de Oxford), Claus H. Hunzinger (de la Universidad de Göttingen)…

En 1960, Yigael Yadin, el arqueólogo israelí de renombre mundial que recibió el premio Israel por su tesis sobre la traducción de los manuscritos del Mar Muerto, compró a un norteamericano que deseaba conservar el anonimato un fragmento de manuscrito de Qumrán tras comprobar que pertenecía al rollo bíblico de los Salmos. En junio de 1967 descubrió en casa de un coleccionista árabe nuevos textos procedentes del Rollo del Templo. En esta época el ejército israelí ocupó Cisjordania hasta el este del río Jordán.

Entre 1950 y 1951, las primeras publicaciones científicas dedicadas a las cuevas de Qumrán obtuvieron una enorme resonancia. Los lectores descubrieron una documentación inédita y excepcional sobre la historia de la Biblia y del judaísmo. De los siete primeros manuscritos encontrados, cuatro podían ser obra de los esenios, una secta judía muy importante en la Antigüedad por su piedad y su rigor moral, que desapareció sin dejar rastro. Los manuscritos serían la herencia perdida de esta misteriosa comunidad religiosa, que quizá tuvo su residencia en las ruinas cercanas a las cuevas. El historiador André Dupont-Sommer, profesor en la Sorbona, creó expectación al subrayar las sorprendentes afinidades entre los esenios y los primeros cristianos; los esenios habrían sido la vanguardia de los cristianos.

«Para los cristianos que concebían un Jesús de Nazaret sin conexión histórica, la hipótesis provocaba escalofríos —escribieron Jean-Baptiste Humbert y Estelle Villeneuve—. Occidente, mantenido en vilo por los medios de comunicación, descubrió que el informe de los manuscritos de Qumrán no hacía sólo referencia a la historia antigua del judaísmo, sino también a la primera generación cristiana».[6]

En 1955, las autoridades israelíes responsables del patrimonio arqueológico decidieron emprender la exploración a gran escala de los centenares de cuevas de la región, utilizando para ello la tecnología más moderna. Se descubrieron algunos objetos, pero ningún manuscrito.

---

6. Jean-Baptiste Humbert y Estelle Villeneuve, *op. cit.*

LOS MISTERIOS DE LOS MANUSCRITOS DEL MAR MUERTO

A veces se plantea por qué razón ha sido necesario esperar tantos años la traducción y la publicación de los manuscritos del Mar Muerto. Después del descubrimiento de los siete rollos de la primera gruta en 1947, fueron halladas otras nueve grutas entre 1947 y 1955. La última y undécima gruta fue descubierta en 1956. Fue en 1991 cuando el contenido de los textos quedó desvelado al público en su totalidad. Todos los rollos de la primera gruta fueron publicados durante los años cincuenta. Un equipo de ocho personas editó el primer volumen en 1955, al que siguió un segundo volumen en 1961 y un tercero, que contenía los textos de las grutas dos, tres, cinco y diez. Un cuarto volumen fue publicado en 1965, seguido en 1968 y en 1977 por el quinto y sexto volúmenes respectivamente. Algunos documentos importantes de la gruta cuatro debieron esperar hasta 1982 para ver la luz.

«El retraso relativo al contenido de la gruta cuatro constituyó un problema importante para muchos científicos —escribió John DeSalvo—. Algunos llegaron incluso a sospechar una conspiración puesta en marcha para ocultar el peligro que podían representar algunos de esos manuscritos para el cristianismo, e incluso para el judaísmo. El equipo de científicos estaba formado, en efecto, en su mayoría por católicos; incluso fueron muchos los que pensaban que había una implicación del Vaticano. Hoy sabemos que no había nada de todo eso. La sencilla explicación de ese retraso es que el equipo de traductores era muy reducido y no se dedicaba a esta tarea a tiempo completo, debido a las obligaciones académicas que los científicos del equipo habían de atender. También parece que, después de una fase inicial de entusiasmo en torno a este proyecto, muchos acabaron por desinteresarse».[7]

En total se descubrieron sesenta mil fragmentos procedentes de novecientos documentos diferentes. Los manuscritos del Mar Muerto representan un inmenso puzle que los expertos están todavía analizando y catalogando.

---

7. John DeSalvo, *op. cit.*

El contenido y la clasificación de los textos

Los textos descubiertos en las grutas de Qumrán representan la fuente más antigua y la más abundante de manuscritos religiosos judíos. Aunque la mayor parte están redactados en hebreo, algunos lo están en griego, la lengua culta del Oriente helenizado, y en arameo. La mayoría están escritos sobre pergamino de piel de animal, pero también los hay redactados sobre papiro, el papel obtenido a partir de la planta del mismo nombre, y un ejemplar lo está sobre cobre. La tinta fue fabricada a base de carbón. Si bien algunos manuscritos fueron descubiertos prácticamente intactos, de la mayor parte sólo quedaban fragmentos sueltos. En total se hallaron hasta sesenta mil, la mayor parte deteriorados. Expertos en lenguas antiguas llegaron a la zona para identificar los novecientos textos de extensión variable, de los que en ocasiones sólo quedaba algún fragmento. Estos fueron escritos de derecha a izquierda y sin puntuación, como en el hebreo antiguo. En la gruta uno se descubrieron siete manuscritos intactos, y otros en la gruta once. El resto, prácticamente sólo fragmentos, procede en su mayor parte de la gruta cuatro.

A los doscientos veintitrés textos bíblicos y apócrifos ya conocidos se sumaron nada menos que quinientos treinta y siete documentos nuevos, que ofrecieron un panorama excepcional sobre el pluralismo del judaísmo antiguo. Copiados entre los años 250 a. de C. y el siglo I d. de C., algunos de esos doscientos veintitrés documentos bíblicos revelaron una variedad hasta entonces insospechada de libros sagrados judíos anteriores a la constitución del canon de la Biblia hebrea. Y eso porque sólo teníamos constancia de la existencia de una colección de veinticuatro libros de finales del siglo I y principios del siglo II de nuestra era, de gran importancia para las comunidades judías. Los manuscritos y los fragmentos bíblicos descubiertos en las grutas contienen al menos algunos pasajes del Antiguo Testamento, a excepción del Libro de Esther, que precede en varios miles de años a los que integran la Biblia actual: el fragmento más antiguo conocido hasta entonces databa del siglo X d. de C. Los manuscritos del Mar Muerto, algunos con una antigüedad de dos mil años, nos permiten comprender hasta qué punto la Biblia ha ido cambiando a lo largo de tantos siglos de copia y transmisión. Han sido identificadas una veintena de copias del Libro de Isaías. El Libro de los Salmos, del que se han encontrado treinta y nueve copias, conforma uno de los textos más representativos de todos los manuscritos. Se han enumerado hasta veinte copias del Deuteronomio, el más antiguo de los textos del Antiguo Testamento jamás descubiertos, que preceden en mil años a todos cuantos se tenían disponibles hasta ese momento.

Una de las particularidades más sorprendentes de algunos de los manuscritos viene dada por el hecho de que no figuran en las Biblias actuales. No obstante, muchos son atribuidos a célebres personajes bíblicos, como Moisés y José. Los textos contienen profecías desconocidas de Daniel, Jeremías y Ezequiel; también escritos de José y Judas, así como de otros desconocidos en nuestra Biblia actual, además de salmos ignorados del rey David. El Rollo de Isaías es casi idéntico al Libro de Isaías de la Biblia moderna. Otros textos muestran ligeras diferencias, como una versión del Libro de Jeremías que se distingue por la extensión y el orden del relato. Numerosos salmos presentes en la Biblia son también diferentes, especialmente el noventa y el ciento cincuenta, que siguen otro orden.

El Rollo del Templo parece ser un suplemento del Pentateuco, que reagrupa los cinco primeros libros de la Biblia actual. El texto se centra en la construcción de un edificio religioso y en los sacrificios rituales. Otros textos tratan del calendario que se utilizaba con fines

EL CONTENIDO Y LA CLASIFICACIÓN DE LOS TEXTOS

litúrgicos; los dos principales se basan en el calendario solar y en el lunar, empleado por los sacerdotes judíos de la Antigüedad.

Ahora bien, entre los manuscritos descubiertos se encuentra el calendario solar, considerado por los redactores de la época como más beneficioso en el plano espiritual. El número de días del ciclo era diferente y los datos obtenidos sobre las fiestas religiosas varían mucho. El calendario lunar es aproximadamente diez días más breve que el solar.

También se encuentran numerosos textos dedicados a los ángeles, que hacen referencia a un conjunto de himnos y oraciones que aquellos ofrecen a Dios, unas plegarias que también han servido a los hombres para dirigirse a los propios ángeles. Uno de los temas más importantes de estas oraciones hace referencia al templo de los cielos, del que la tierra no es más que un reflejo.

Los manuscritos abordan las prácticas y los rituales de la comunidad de Qumrán, como las leyes, las normas y los reglamentos. La cuestión era enseñar a sus miembros el camino para llevar una vida conforme a la voluntad de Dios y asegurarse también la salvación cuando llegara el fin del mundo.

Un texto detalla cómo era la aceptación de los nuevos miembros, los votos y los días de fiesta, e indica también cómo pedir a Dios que bendijera a los miembros de la comunidad, conocidos con el nombre de *hijos de la luz*, y cómo recitar las maldiciones prometidas a los pecadores, llamados *hijos de las tinieblas*.

La doctrina de los dos espíritus hacía una amplia descripción de un hombre poseído a la vez por las fuerzas del bien y las del mal. Los individuos de la comunidad de Qumrán no eran libres de escoger, porque la parte de bien o de mal era establecida por Dios antes de que nacieran y no podía ser modificada. Un individuo podía recibir en el momento de su nacimiento hasta ocho partes de bien y una de mal. Pero también era posible que fuera al revés. Entre estos dos extremos podían darse todas las combinaciones. Para la comunidad era importante poder reconocer estas características en cada uno de sus miembros a fin de separar a aquellos mayoritariamente habitados por el mal. Para ello se recurría a la astrología y a algunas técnicas de adivinación, pero también a la fisiognomonía, que permitía determinar las características del alma a partir de la apariencia física. Estos atributos físicos incluían las protuberancias de la cabeza, el color de los ojos, de los cabellos y de la piel, el timbre de la voz e incluso la forma del cuerpo. La fisiognomonía llegó incluso a ser utilizada para predecir el destino de una persona. En la Antigüedad, la astrología y la fisiognomonía eran vistas como ciencias establecidas.

El *Manual de disciplina* trata de los procedimientos disciplinarios que se aplicaban a los miembros de la comunidad de Qumrán, dirigida por un maestro ayudado por sacerdotes, llamados *Hijos de Sadoq*. El texto aborda las razones de la formación de la comunidad, la manera de reunirla, las reglas y los reglamentos que la regían, y los castigos específicos que debían aplicarse en caso de violación de esas reglas, que iban desde la disminución de la ración alimentaria hasta la expulsión definitiva.

La *Regla de la congregación*, anexa a la *Regla de la comunidad*, describe las disposiciones que debían seguirse durante la aparición del Mesías, entre ellas la preparación militar de la comunidad para el fin del mundo, seguidas de diferentes bendiciones que se glosaban durante los rituales y las reuniones.

El *Documento de Damasco* habla de Israel, presenta una breve historia y exhorta a los miembros de la comunidad a la fidelidad religiosa, a fin de ser recompensados cuando llegue el fin del mundo. Expone las reglas con todo detalle y también lo relativo al *sabbat*, los votos y las consideraciones jurídicas.

Uno de los pasajes trata de las reglas aplicables a las mujeres y a los niños, y muestra así las diferencias con la parte de la comunidad compuesta por hombres a la hora de adecuarse a la disciplina de la ascesis y el celibato.

El *Rollo de la guerra*, descubierto en la gruta uno, evoca el combate entre el bien y el mal que tendrá lugar al final de los tiempos. La cuestión es saber si se trata de un manual práctico destinado a la guerra o de un texto puramente simbólico. La batalla final deberá

EL CONTENIDO Y LA CLASIFICACIÓN DE LOS TEXTOS

producirse seis años antes del fin del mundo y el bien acabará triunfando sobre el mal. La Ciudad Santa de Jerusalén será liberada del demonio, y el culto verdadero, restaurado. Esta batalla irá seguida de una guerra de treinta y tres años, al final de los cuales todas las naciones rebeldes serán destruidas.

Los especialistas han establecido la siguiente clasificación de los textos: manuscritos bíblicos, textos apócrifos y literatura esenia.

Todos los libros de la Biblia judía canónica, a excepción del Libro de Esther, aparecen representados en la documentación de Qumrán. Se encuentra el Génesis, el Levítico, el Deuteronomio, Isaías, los profetas menores y los Salmos. El Génesis, que explica el origen del mundo, de la humanidad y de los antepasados del pueblo de Israel (Abraham, Isaac, Jacob y José), aparece en Qumrán en diecinueve manuscritos. El Éxodo, que ilustra la salida de Egipto de los israelíes dirigidos por Moisés, está en diecisiete manuscritos. El Levítico, que relaciona las leyes sociales y religiosas confiadas a la custodia de los sacerdotes descendientes de Leví, cuenta con trece copias. Ocho manuscritos presentan el Libro de los Números, en referencia a los censos de las doce tribus de Israel en el Sinaí. También fueron hallados treinta y tres manuscritos del Deuteronomio, segunda ley que recuerda al pueblo de Israel el sentido de sus experiencias en el desierto y la ley divina que debía ser respetada. Los libros de los cuatro profetas posteriores contienen las palabras de los mensajeros de Dios, a saber: Isaías, Jeremías, Ezequiel y Daniel. Se tienen a este respecto veintiún manuscritos de Isaías, seis de Jeremías, seis de Ezequiel y ocho de Daniel. Los doce profetas menores (Amós, Oseas, Joel, Abdías, Jonás, Miqueas, Nahum, Habacuc, Sofonías, Ageo, Zacarías y Malaquías) están representados por ocho manuscritos. Los Salmos, poemas cantados para el culto, han sido identificados en pequeños fragmentos de treinta y cuatro copias. Los Proverbios, consejos de sabiduría, aparecen en los fragmentos de tres manuscritos. Las Lamentaciones, que deploran la destrucción de Jerusalén, se presentan entre los restos de cuatro manuscritos. Las Crónicas, frescos históricos, están en un único texto. Los textos deuteronómicos, escritos que no fueron mantenidos por los doctores de la Ley judía a finales del siglo I de nuestra era en la composición de la lista oficial de los libros santos del judaísmo, están representados por los Libros de Tobías, del Eclesiástico y de la Epístola de Jeremías.

«Por otra parte —explican Farah Mébarki y Émile Puech—, han sido encontrados en Qumrán apócrifos veterotestamentarios. Estos libros testimonian la rica literatura religiosa de que disponían los judíos en los últimos siglos del milenio anterior a nuestra era. La existencia de algunos era conocida por copias o versiones arameas, griegas, etíopes, latinas u otras todavía existentes que habían sido descubiertas antes de Qumrán. De otros libros, desconocidos antes de los hallazgos en las grutas de Qumrán, la información transmitida era completamente nueva».[8]

Estos apócrifos del judaísmo perdidos y descubiertos en Qumrán tienen por nombre: el Libro de los Jubileos, el Libro de Henoch, los Testamentos de los doce patriarcas (entre los que aparecen testimonios de los Testamentos de Leví, de Neftalí, de Judá y de José), el Testamento de Jacob, el Testamento de Qahat, un Apócrifo del Génesis, un Pseudo-Jeremías, los Salmos de Josué, las Visiones de Amram, la Oración de Nabónidas, las Palabras de Miguel, el Libro de los Gigantes, el Nacimiento de Noé, el Pseudo-Ezequiel, el Pseudo-Daniel, el Pseudo-Moisés, la Profecía de Josué, un Apócrifo de Daniel, Jerusalén nueva, los Cuatro Reinos...

El Libro de los Jubileos aparece en diecisiete manuscritos, compuestos hacia mediados del siglo II a. de C. por sacerdotes, que nos explican la historia sagrada, desde la creación hasta la teofanía del Sinaí. El Libro de Henoch está representado en doce manuscritos. Se trata de un Apocalipsis judío, que se remonta probablemente al siglo II a. de C. El Testamento de los doce patriarcas, obra del siglo II a. de C., recoge las últimas palabras de los doce hijos de Jacob. El Testamento apócrifo de Leví queda recogido en dos fragmentos procedentes de las grutas uno y cuatro. La versión de Qumrán es

---

8. Farah Mébarki y Émile Puech, *op. cit.*

más larga que la conocida hasta entonces. El Testamento de Neftalí fue encontrado en la gruta cuatro. Este relaciona las palabras de Neftalí, hijo de Jacob, jefe de una de las tribus de Israel. El Testamento de Judá no reunió en Qumrán más que cuatro fragmentos arameos datados en el siglo I a. de C. El autor es uno de los once hermanos de José. Se encontraron en Qumrán cinco pequeños fragmentos en arameo del Testamento de José, que se remontan al siglo I a. de C. El Testamento de Jacob se limita a una única copia de la que sólo han subsistido veinticinco breves fragmentos en arameo. El texto es tanto de naturaleza apocalíptica como testamentaria. El Testamento de Qahat, datado en el siglo II a. de C., se basa en algunos fragmentos recogidos en las gruta cuatro, en los que se reflejan las palabras de adiós de Qahat, hijo de Leví, a su hijo Amram y a su descendencia. Las visiones de Amram es el título de una obra de naturaleza testamentaria en la línea de los Testamentos de Leví o de Qahat. El ejemplar que mejor se ha conservado tiene cuarenta y cinco fragmentos, un Apócrifo del Génesis del año 100 a. de C. procedente de la gruta uno. Se trata de una versión novelada del Génesis, en la que se han hecho ampliaciones tales como el relato del nacimiento de Noé. Uno de los pasajes explica el viaje de Abraham y Sara a Egipto. Los Salmos de Josué de la gruta cuatro reúnen himnos desconocidos antes de los descubrimientos de los rollos del Mar Muerto. La oración de Nabónidas, que llegó por primera vez a conocimiento de los expertos, nos habla del rey histórico Nabónidas de Asiria y de Babilonia hacia 555-539 a. de C. Las palabras de Miguel son el relato de una visión angelical en la que se menciona al arcángel Gabriel. El Libro de los Gigantes es una obra de la que en las grutas uno, cuatro y seis se han descubierto numerosos fragmentos. El Nacimiento de Noé es un texto arameo del que en la gruta cuatro se han hallado tres copias, y que explica la llegada de un niño que será reconocido como «elegido por Dios» por las señales diferentes en su cuerpo, como una mancha roja en su cabellera. También otros textos apocalípticos han sido reconocidos entre los fragmentos de las grutas, como el Apócrifo de David, el Apócrifo de Moisés, el Apócrifo de Jéremías, el Apócrifo de Daniel, el Apócrifo de Eliseo, las Profecías apócrifas, la Profecía de Josué, las Visiones de Samuel, la Paráfrasis de los reyes, Salmos y oraciones, Cronologías bíblicas, Lamentaciones, Bienaventuranzas, los Cuatro reinos, Las fases de la luna, Horóscopos, Proverbios…

Entre los textos bíblicos de Qumrán, más de la mitad no han recibido el aval rabínico y, por ello, no figuran en la Biblia hebrea. Son conocidos como *apócrifos*, ya que no se ha determinado su autenticidad.

En cambio, algunos de estos textos se encuentran en el canon de la Biblia cristiana del siglo II de nuestra era. Los católicos los llaman *deuterocanónicos*, pertenecientes al segundo canon, mientras que los protestantes, retomando la tradición judía, los han rechazado.

La literatura esenia, que representa un tercio de los textos descubiertos, reúne escritos diversos, comentarios o florilegios, compilaciones o paráfrasis de pasajes bíblicos, oraciones, códigos de disciplina, reglas… Ya hemos mencionado el Documento de Damasco, la Regla de la comunidad, la Regla de la congregación, la Recopilación de los benedictinos, la Regla de la guerra y el Rollo del templo. Igualmente se ha encontrado el Rollo de los himnos, la Palabra de las luminarias, Oraciones litúrgicas, Oraciones para las fiestas, Oraciones para la mañana y la tarde, Acciones de gracias para después de la comida, y Encantamientos y Cánticos del sacrificio del *sabbat*. Los textos de sabiduría y las Reglas forman otro conjunto de textos esenios, como Instrucción, Vía de justicia, Trampas de la mujer y Ordenanzas. Los Cánticos del sabio son un texto de exorcismo. El único manuscrito de Melquisedec, hallado en la gruta once, sacó a la luz un personaje celeste que realizará la expiación y juzgará en nombre de Dios al final del último jubileo.

Estos manuscritos son vinculados a la vena literaria de una corriente religiosa radical, separada de la sociedad judía, a la que aquella juzgaba pervertida. Eleazar Sukenik, desde 1949, y sobre todo André Dupont-Sommer, en 1950, relacionaron este modo de vida austera con el de los esenios, descritos por autores judíos como Filón de Alejandría y Flavio Josefo. Posteriormente, esta literatura fue generalmente aceptada como esenia.

EL CONTENIDO Y LA CLASIFICACIÓN DE LOS TEXTOS

El Rollo de cobre, encontrado en la gruta tres, fue completamente restaurado en Francia en 1993 por los técnicos del laboratorio Valectra de electricidad de EDF (Electricidad de Francia), bajo la dirección del ingeniero Lacoudre. El conjunto, redactado en una lengua hebraica que se parece mucho a un dialecto local, se compone de tres mil caracteres. El contenido señala sesenta y cuatro emplazamientos de Jerusalén y sus alrededores, en los que fueron enterrados numerosos tesoros entre los años 66 y 70 d. de C. En el capítulo «El yacimiento arqueológico de Qumrán...» trataremos más ampliamente sobre esta cuestión.

La pluralidad de las tendencias judías manifestadas en los textos y la diversidad de las escrituras analizadas por los paleógrafos parecen superar la capacidad de un único grupo de copistas. «La idea que se ha abierto paso plantea que todos los rollos de Qumrán y el corpus general sean probablemente el resultado de una aportación de diferentes comunidades de Judea y de Jerusalén —escriben Jean-Baptiste Humbert y Estelle Villeneuve—. Nada impide, en cambio, que fueran esenios. La variedad de los textos sería el testimonio de las diversas tendencias de la secta e incluso de una evolución interna... La cantidad de manuscritos, su dispersión y el cuidado puesto al depositarlos nos hablan en favor de una operación planificada de salvamento, ante el peligro de una amenaza latente o un peligro generalizado. La fórmula responde mejor al clima de crisis y represión que reinaría bajo la ocupación romana antes de la destrucción del templo en el año 70 d. de C., si bien algunos intentan asociarla a la segunda revuelta, la de Bar Kokhba, que se produjo en 135. La paleografía y los análisis del carbono 14 no nos ofrecen la precisión suficiente que permitiría resolver el problema».[9]

El descubrimiento de los manuscritos del Mar Muerto colmó las lagunas dejadas por numerosos relatos bíblicos incompletos y logró que estos tuvieran sentido. Así pasó con el relato del primer Libro de Samuel referido a Nahash, rey de los Amonitas. La historia no ad-

---
9. Jean-Baptiste Humbert y Estelle Villeneuve, *op. cit.*

quiere todo su sentido más que después de la lectura del texto de los manuscritos del Mar Muerto, donde se halla la respuesta de Saúl a una llamada de las tribus de Gad y de Rubén, que piden protección frente a los asaltos de Nahash. Tampoco el capítulo 12 del Génesis proporciona ninguna explicación sobre la decisión de Abraham de marchar hacia Egipto desde Canaán; sin embargo, los manuscritos del Mar Muerto relatan que aquel tiene un sueño profético que le anima a realizar su viaje.

La historia de David y Goliat, que figura en el primer Libro de Samuel, relata en el capítulo 17 el enfrentamiento entre David, un hombre joven, y el gigante Goliat, que medía seis codos y un palmo, es decir, casi tres metros. Ahora bien, en la versión del Libro de Samuel hallada en los manuscritos del Mar Muerto, la altura de Goliat era de cuatro codos (en lugar de seis) y un palmo, es decir, 1,98 metros, una altura más verosímil para un hombre.

Los manuscritos del Mar Muerto contienen también textos sobre el culto a los ángeles, un tema importante en la mística judía, con su visión del trono divino. La antigua tradición hebraica estipulaba que estos textos debían estar reservados únicamente a las personas mayores de treinta años, porque su lectura podía provocar visiones espontáneas y experiencias místicas. El Libro de Ezequiel explica que este fue transportado hacia los cielos, mientras se encontraba en el exilio en Babilonia junto a otros cautivos. Tuvo una visión del trono divino, que describía en el primer capítulo.

Lectura y datación de los textos

Alrededor del 20 % de los textos del Mar Muerto son de naturaleza bíblica. Otra proporción idéntica está formada por textos no bíblicos cuya existencia ya era conocida antes de ser descubiertos. El resto, un 60 %, son textos desconocidos de los que es imposible adivinar el contenido antes de haber reunido todos los fragmentos de un conjunto que en total lo constituyen ochocientos manuscritos. Es como completar un puzle a partir de un friso desordenado al que le faltan piezas, y otras están repetidas o deterioradas.

En lo relativo a la descodificación de las informaciones, la primera etapa consiste en disponer los fragmentos bajo el cristal de una mesa de trabajo para examinarlos. A continuación hay que buscar indicios que permitan establecer una relación entre los fragmentos. La mayor parte son pergaminos y papiros. Cada uno de estos papiros, obtenido a partir de la piel de un animal, como la cabra, el buey, el carnero u otros, presenta sus propias características. También se dan variaciones entre las diferentes pieles por su color, su espesor y su textura. Otro dato interesante que debe tenerse en cuenta es el tipo de escritura. La mayor parte de los textos fueron redactados por diferentes escribas y es posible distinguir la letra de cada uno, por ello se asocian los fragmentos en función del tipo de escritura. No es una tarea fácil porque numerosos fragmentos están seriamente deteriorados y muchos, además, son tan pequeños que a veces sólo tienen el tamaño de una uña.

Las líneas trazadas por los escribas sobre los pergaminos también son un indicio. Los escribas las realizaban sobre los pergaminos de la misma manera que los escolares las hacen sobre sus cuadernos. El espaciado y el número de líneas por página variaba en función del escriba y del texto, y eso nos proporciona un elemento de identificación de los fragmentos. También es posible examinar el trazo y la colocación de las letras para distinguir a los escribas: sobre las líneas, por encima, por debajo o en medio.

«Una de las ideas más ingeniosas de los investigadores fue sacar partido de los daños sufridos por los rollos, debidos en su mayoría al clima y a los insectos —escribió John DeSalvo—. Los manuscritos no estaban dispuestos planos como en una resma de papel, sino enrollados; en consecuencia, un insecto que haya picado el manuscrito y atravesado el rollo ha dejado tras él una pista en forma de agujeros que ayudan a identificar los diferentes fragmentos. Igualmente, si un rollo colocado en posición vertical resultó dañado por la humedad, es posible seguir las trazas de estos daños para identificar las piezas que formaban los extremos».[10]

También es posible identificar los fragmentos procedentes del mismo animal recomponiendo el pergamino con ayuda de los test de ADN. Por otra parte, las fotografías realizadas con infrarrojos permiten destacar las zonas desdibujadas a fin de leer las letras difíciles de distinguir.

Los métodos informáticos basados en imágenes numéricas, de corrección o de aumento facilitan bastante el trabajo de lectura e identificación.

Una vez que diferentes fragmentos han sido ensamblados, la siguiente etapa consiste en transcribir el texto correspondiente. El investigador lee entonces el manuscrito y anota en caracteres hebreos estándares las letras que consigue identificar. Los pasajes que faltan o los que resultan imposibles de descifrar se indican mediante corchetes. Este método de transcripción permite comprender claramente y reconocer los escritos. El paso siguiente consiste en traducir el texto a otras lenguas actuales.

---

10. John DeSalvo, *op. cit.*

LECTURA Y DATACIÓN DE LOS TEXTOS

El sistema de etiquetaje de cada fragmento identifica el lugar del que procede. Los fragmentos son clasificados en función de su gruta de origen y numerados siguiendo el mismo procedimiento. Así, 1Q18 significa que ese fragmento procede de la gruta uno de Qumrán (Q = Qumrán), el número 18 indica que se trata del decimoctavo manuscrito de la gruta uno. Las líneas son numeradas desde la parte superior de la columna hacia abajo.

Tal como ya hemos indicado, los pasajes que faltan o los dañados son señalados mediante corchetes. Las palabras recuperadas quedan incluidas en esos corchetes, de manera que, incluso si falta texto, el investigador puede deducir qué decía.

En relación con la conservación de los manuscritos, parece que el primer equipo que se encargó del asunto no tomó las medidas adecuadas en aras a la buena protección de los mismos. Algunos investigadores utilizaron adhesivo para enganchar los fragmentos; otros los dejaron mucho tiempo encima de las mesas a pleno sol; un investigador aplicó esencia de clavo a algunos fragmentos para destacar los caracteres; parece también que algunos fumaban y en alguna ocasión la ceniza cayó sobre los fragmentos en estudio.

Con la puesta en marcha, en 1991, de un laboratorio de conservación de manuscritos comenzó un lento trabajo de restauración, que incluyó quitar el adhesivo con un escalpelo, eliminar las manchas ocasionadas por la cola o el tabaco y tratar el cuero. Los residuos de adhesivos han desaparecido con la ayuda de métodos experimentales, como disolventes especiales, y la colocación de los fragmentos entre cartones no ácidos. Los papiros, más delicados que la piel, se han beneficiado de un tratamiento muy especial, como es el montaje de los fragmentos sobre papel japonés recortado con la misma forma que aquellos y pegado sobre un cartón no ácido, todo ello colocado entre dos hojas de propileno.

«Hoy día, el epigrafista ha ganado confort para la lectura en un sentido —escriben Farah Mébarki y Émile Puech—, pero en cambio ha perdido la calidad de lectura que el cristal y los cartones móviles ofrecían.

»Por ejemplo, con el cristal era posible controlar el reverso de una pieza de cuero para determinar el color, y detectar, si las había, posibles trazas de la tira de cuero que mantenía al principio el rollo cerrado, así como restos de tinta, un complemento textual, etc.; sin embargo, hoy día ya no pasa esto dado que los fragmentos se pegan ahora sobre papel».[11]

Tras el recuento de los documentos descubiertos en las grutas, realizado por Jozef Milik y el equipo internacional de expertos durante los años sesenta del siglo pasado, el número ha aumentado en la medida en que se han estudiado, después de revisar el trabajo, fragmentos de partes que por error habían sido atribuidas a un mismo rollo.

La tinta utilizada en los textos está compuesta por hollín (carbón), aceite y elementos vegetales (agalla de roble, especialmente), a semejanza de las tintas empleadas por los escribas judíos de la Antigüedad. Con muy poca frecuencia se constata la utilización de tinta roja a base de cinabrio (sulfuro de mercurio), que era utilizada para escribir los encabezamientos o para comenzar los párrafos, como lo demuestra una copia del Deuteronomio y un ejemplar del Libro de los Números de la gruta cuatro. Sin embargo, no era esa la regla general.

Los manuscritos fueron redactados en lenguas y épocas diferentes y su lectura requiere tener formación como paleógrafo. La escritura llamada *paleohebrea,* propia del hebreo antiguo, destaca en algunos libros del Pentateuco, en el Libro de Job y en manuscritos no identificados, así como en monedas. La escritura judía formal a base de caracteres cuadrados fue utilizada por el hebreo (la lengua en la que fueron redactados los textos bíblicos, los textos apócrifos y las obras esenias), así como por el arameo, lengua semítica emparentada con el hebreo que llegó a ser más popular y de uso más corriente que este desde el periodo persa. Fueron escritos en arameo el Libro de Daniel, textos bíblicos traducidos del hebreo y numerosos textos apó-

---

11. Farah Mébarki y Émile Puech, *op. cit.*

crifos. Algunos manuscritos bíblicos fueron redactados en griego. Además de estas tres lenguas mayoritariamente utilizadas en los manuscritos hay que añadir el latín empleado en las monedas y un sello. Algunos fragmentos nabateos han sido descubiertos en las grutas de Masada y Ein Gedi.

Antes de que comenzase la datación mediante el radiocarbono, los manuscritos eran datados en función de la tipografía, que había ido evolucionando con las lenguas y los textos escritos. Es posible identificar la época de un documento a partir de la forma gráfica de su escritura. Gracias a una observación atenta de cada tipo de escritura —paleohebraica, armenia o griega—, el experto paleógrafo es capaz de situar el documento manuscrito en un periodo determinado. La grafía evoluciona con el tiempo, por eso durante la lectura de un manuscrito, el paleógrafo presta mucha atención a la ortografía de las palabras y a las características de estas. También pueden revelar errores del escriba. Un tipo de escritura puede ser datada por la presencia de *keraias*, tipos de ornamentos que pueden encontrarse frecuentemente en el siglo I d. de C.

La calidad de la lectura de un texto depende del estado de conservación del manuscrito. Hay rollos que han sido descubiertos en un estado relativamente poco deteriorado, como el manuscrito de Isaías de la gruta uno o el Rollo del templo de la gruta once. También hay textos muy fragmentados, con frecuencia hechos añicos, como los de la gruta cuatro. El trabajo consiste entonces en encontrar los fragmentos complementarios entre los trozos desordenados, tal como se hace en un puzle. Las lagunas también pueden ser completadas por acoplamiento con otro ejemplar, por comparación con textos ya conocidos, por deducción a partir de la parte conservada de una palabra antes o después de una laguna, por el significado de una frase antes y después de la rotura, e incluso por el espacio que falta entre dos partes de una misma frase.

Uno de los métodos más seguros para datar los textos antiguos es el basado en el radiocarbono, llamado *datación por el carbono 14* (C14). Esta técnica permite fechar elementos de hasta sesenta mil años, a condición de que contengan átomos de carbono. Este sistema sigue la técnica estándar utilizada para datar los organismos, dado que el átomo de carbono forma parte de la base de la vida. La técnica se basa en la teoría según la cual todos los organismos vivos respiran aire que contiene a la vez átomos de C12, elementos estables y una pequeña cantidad de C14 radioactivo, inestable y cuya radiación decrece de forma regular. Estos organismos absorben regularmente C12 y C14. Este último está presente mientras el organismo se mantiene con vida. Cuando un ser vivo muere, tanto si se trata de una planta como de un animal, deja de absorber C12 y C14, por lo que el isótopo inestable comienza a desintegrarse poco a poco. Su tasa de desintegración viene indicada por su periodo radioactivo (vida media), periodo necesario para que la mitad de los átomos se desagregue normalmente. La vida media del C14 es de 5730 años. Eso significa que, si un organismo contiene cien moléculas de C14 a su muerte, sólo tendrá cincuenta al cabo de 5730 años. Es posible, por tanto, medir esta relación en un organismo y determinar, mediante una extrapolación, la fecha de su muerte; se puede saber, por tanto, cuándo vivió. Así es como los manuscritos del Mar Muerto han podido ser datados. Al estar escritos sobre pergaminos hechos con piel de animales o con papiro, el método de datación con C14 puede ser aplicado fácilmente.

En 1951, una parte del tejido de lino con el que fueron envueltos los rollos de la gruta sirvió para realizar la datación mediante el carbono 14, de forma que pudieron establecerse fechas que iban desde el año 167 a. de C. al 233 d. de C. En los años noventa del siglo XX fue utilizada una técnica, aún más eficaz, llamada de *espectrometría de masas por acelerador* (SMA), que permitió realizar una datación con carbono a partir de una pequeña cantidad de material y conseguir mayor precisión y seguridad en el resultado. En esa ocasión, ocho fragmentos de manuscritos permitieron obtener una franja muy aproximada a las fechas esperadas (200 a. de C.-100 d. de C.). Los aparatos más modernos destinados a estudiar los manuscritos se basan en las técnicas avanzadas de espectrometría de fluorescencia X.

El yacimiento arqueológico de Qumrán

Situado al pie de una abrupta ladera salpicada de grutas, el yacimiento de Qumrán domina la orilla noroeste del Mar Muerto. A cuatrocientos metros bajo el nivel del mar, con un clima cálido y árido, la cuenca del Mar Muerto recorre una región bastante inhóspita, en la que las lluvias son escasas pero numerosos riachuelos, fuentes y torrentes jalonan las dos orillas. De hecho, dada la posibilidad de disponer de riego para el suelo, los hombres se instalaron en el litoral desde el IV milenio a. de C., como testimonian las ruinas de Teleilat el-Ghassul en la costa noroeste.

Formado en el fondo de una fosa tectónica que prolonga el valle del Rift africano, el Mar Muerto debe su nombre al hecho de que ningún organismo vivo resiste su fuerte concentración de sal. Denominado *mar de Sal* en la Biblia, los griegos y los romanos de la Antigüedad vieron en él el lago Asfaltites por el asfalto natural (betún de Judea) que hay flotando libremente en su superficie. El río Jordán, los grandes *wadis* y todas las aguas que desembocan en él se evaporan por efecto del calor, mientras que en las orillas se forman concreciones salinas.

Las investigaciones arqueológicas han demostrado que durante la Antigüedad se establecieron en las orillas oeste y este pequeños establecimientos residenciales y rurales (Ein Gedi, Callirhoe, Ez-Zara, Zoara-Safi, Ein Feshkha), así como las localidades (Ein el-Ghuweir, Ein el-Turabeh, Ein Umm Ahmed), más numerosas en el oeste, donde la llanura es más ancha. Los habitantes vivían de la agricultura practicada en los campos irrigados y en los apacibles palmerales. La palmera datilera, perfectamente adaptada a la alta salinidad del agua, crece con facilidad. La arqueología ha confirmado que fue cultivada desde la Antigüedad, hasta el punto de que durante las excavaciones de Qumrán y Masada se han descubierto miles de palmeras cuyos troncos eran utilizados para hacer el armazón de las construcciones, y las hojas, para la techumbre.

«La naturaleza ofrecía además otros recursos que también aparecen mencionados en los textos: el asfalto, devuelto por el fondo marino, era un monopolio nabateo —escriben Jean-Baptiste Humbert y Estelle Villeneuve—. Una vez obtenido era vendido a los armadores para el calafateo de los barcos y a los embalsamadores egipcios para realizar las momificaciones. La sal y los sulfuros, muy abundantes en las aguas del Mar Muerto, eran enviados a Roma. El bálsamo explotado en las costas proporcionaba esencias a los perfumistas más prestigiosos de Jericó. Los cañaverales, que proliferaban alrededor de los puntos de agua, servían a los artesanos para fabricar cestas y esteras. De todo eso se han encontrado restos en Qumrán, tanto en el yacimiento como en las grutas. Finalmente, las plantas autóctonas de índigo permitían obtener unos tintes de excelente calidad, que fueron utilizados para las cubiertas con que fueron envueltos los manuscritos guardados en las grutas».[12]

Los habitantes de Qumrán sabían que instalándose en la región podrían beneficiarse de todos los recursos disponibles. Eso hizo que en las orillas del Mar Muerto se desarrollaran numerosas actividades económicas.

En la Antigüedad, las orillas del Mar Muerto, recorridas por promontorios rocosos y bordeadas por abruptos acantilados, eran difíciles de recorrer. Desde Jericó, Qumrán era accesible por un sendero que seguía el acantilado y serpenteaba cerca del mar a través del oasis hasta llegar a la fuente de Ein Feshkha. Una vez allí, se llegaba a un

---

12. Jean-Baptiste Humbert y Estelle Villeneuve, *op. cit.*

EL YACIMIENTO ARQUEOLÓGICO DE QUMRÁN

cabo imposible de franquear sin tener que escalar. Para llegar hasta Jerusalén después de Qumrán, era necesario ascender el acantilado acudiendo a la utilización de medios que han dejado sus huellas en la escarpada garganta. Durante el recorrido había que hacer una parada en la fortaleza asmonea de Hyrcanión. Para llegar a otros destinos más alejados, el Mar Muerto ofrecía todos los itinerarios posibles.

Desde Qumrán la orilla estaba a tiro de piedra. A lo largo de la costa había embarcaderos dispuestos en las playas. Anclas descubiertas por el descenso constante de las aguas son el testimonio evidente de que por allí habían circulado navíos. En Khirbet Mazen, a unos cinco kilómetros al sur de Qumrán, se levantaba una elegante edificación que servía para el descanso de los notables y los comerciantes acomodados de la región. Disponía de un dique seco con su rampa de acceso para subir las barcas. Desde allí, el rey Herodes podía ir, en tiempos de Jesús, al oasis enclavado en Callirhoe y a las fuentes de aguas termales para tratarse sus dolores articulares.

La existencia de navegación a través del Mar Muerto también ha quedado demostrada por los textos de la época. Nabateos y griegos se desplazaban por este mar en barco para recoger las cargas de asfalto natural. Para los romanos también fue una vía que les permitió perseguir a los judíos insurgentes.

Por tierra o por mar, Qumrán estaba bien conectada con el resto del mundo, pero al estar poco frecuentada podía satisfacer los deseos de las almas solitarias.

El padre Roland Guérin de Vaux, que realizó excavaciones en la región con algunos prestigiosos arqueólogos, estableció para Qumrán tres grandes fases arquitectónicas, que llamó *periodos*. El primer periodo, hacia el año 150 a. de C., estuvo marcado por la llegada de una primera comunidad, que restauró las ruinas del fortín de la Edad de Hierro (siglos VIII y VII a. de C.). Poco después, en tiempos de Juan Hircano —Hircano I—, que reinó entre los años 134 y 104 a. de C., la comunidad esenia, en pleno desarrollo, consolidó el asentamiento. Las construcciones, al borde de un barranco, consistían en un conjunto de edificios levantados en la parte norte y en una explanada que se prolongaba hasta la terraza situada al sur. En el este, un largo muro separaba esa planicie del centro comunitario. Un edificio cuadrado, flanqueado por una torre en el ángulo noroeste, parece que era la principal construcción de la comunidad, alrededor de la cual había talleres, patios, recintos y aljibes que permitían una organización autárquica. El lugar disponía también de una granja comunal en la fuente de Ein Feshkha. El padre De Vaux estima que debían vivir allí unas doscientas personas de manera permanente, de las que sólo algunas residían en el propio edificio, mientras las demás, a falta de espacio, vivían en cuevas o en tiendas. Sólo se reunían para la celebración de los ritos comunitarios.

La exigencia de mantener la pureza ritual explica el gran número de pilas para abluciones que había. Se considera que el primer periodo terminó por los efectos de un terremoto acompañado de un incendio en el año 31 a. de C.

También según el padre De Vaux, la secta esenia se retiró a Damasco y no volvió a Qumrán hasta treinta años después. Esta vuelta marcó el inicio del segundo periodo. Los esenios restauraron los edificios e hicieron modificaciones. Cuando los romanos saquearon la región de Jericó en represalia por la revuelta judía del año 68 d. de C., el asentamiento fue destruido y las paredes se derrumbaron sobre los muebles. Los esenios, que habían previsto ese peligro, tuvieron tiempo de esconder sus manuscritos en las cuevas más cercanas y en las grutas naturales del acantilado. La comunidad, una vez dispersada, no volvería nunca más a Qumrán.

Durante el tercer periodo, según el padre De Vaux, una guarnición romana acampó cerca de las ruinas para controlar la región hasta la caída de la fortaleza judía de Masada en el año 73. El enclave sirvió de refugio a los insurgentes de la segunda revuelta judía entre 132 y 135, y ya no fue ocupado posteriormente.

Los hallazgos descubiertos entre 1951 y 1956 permitieron analizar la vida cotidiana y las actividades públicas de los esenios, tal como las describieron los escritores de la Antigüedad. El padre De

EL YACIMIENTO ARQUEOLÓGICO DE QUMRÁN

Vaux las convirtió en el epicentro de sus investigaciones arqueológicas. En la parte suroeste del edificio principal, aquel situó una sala para la celebración de los consejos de la comunidad. Después, descubrió las instalaciones de carácter doméstico: la cocina, la tintorería, el lavadero. Al sur de la construcción situó el refectorio y una despensa anexa. A una parte y otra del conjunto se encontraban diferentes talleres, como, por ejemplo, los de alfarería, el molino y sus anexos, los hornos y, finalmente, el estanque ritual y las cisternas. Según el padre De Vaux, el piso superior se habría derrumbado durante el incendio de los años 68-69 de nuestra era. Los arqueólogos encontraron entre las ruinas dos tinteros, fragmentos de mesas y una banqueta de albañilería hecha de yeso. El padre De Vaux creyó ver en este piso un taller de escribas, con el mobiliario propio de los copistas que redactaron la mayor parte de los manuscritos hallados en las grutas. Al sur de la construcción principal, otra sala de gran tamaño que tenía el suelo enlucido mostraba unas dimensiones que podían ser muy adecuadas para realizar las actividades comunitarias. Más de un millar de vasijas bien ordenadas fueron reunidas en una sala adjunta: debía de tratarse de un recinto sagrado.

En el patio norte del recinto, varios cientos de depósitos con huesos de animales aparecieron enterrados a poca profundidad bajo el suelo en recipientes o jarras. El número y la dimensión de los depósitos de agua han contribuido a que creamos que se trataba de una comunidad religiosa muy celosa de la pureza ritual. Un canal recorre todo el enclave para alimentar los estanques. Tardíamente, una presa en la garganta del Wadi permitió aumentar la recogida de aguas, que eran llevadas hasta el enclave mediante un acueducto de cuatrocientos metros de longitud. Para realizar los baños rituales disponían de unos estanques con sus peldaños para llegar hasta el agua. La existencia de numerosos talleres confirma la voluntad de mantener una organización autárquica muy encerrada en sí misma. Un molino preparaba la harina que después una panadería transformaba en pan. Un taller de alfarería proporcionaba los recipientes para lograr una perfecta pureza ritual. La cocina aseguraba allí mismo las comidas en colectividad. Un tinte ofrecía el color deseado para las túnicas rituales y los demás ropajes. Un lavadero servía para lavar las ropas de lino blanco de las que nos hablan los historiadores de la Antigüedad al referirse a los esenios.

Desde los descubrimientos del padre De Vaux, los restos encontrados aportan las pruebas de que el enclave arqueológico de Qumrán debió de pertenecer a una comunidad esenia. Recordemos que este monje miembro de la orden dominica de los hermanos predicadores, arqueólogo, historiador y exegeta del Antiguo Testamento, dirigía la Escuela Bíblica y Arqueológica Francesa de Jerusalén en la época en que fueron descubiertos los manuscritos. Fue el director de la expedición arqueológica de la Escuela que descubrió en Qumrán las grutas y el yacimiento arqueológico, con los equipos de G. Lankester Harding (Jordania), y del Museo Arqueológico de Palestina de la fundación Rockefeller de Jerusalén. Dirigió también la expedición conjunta (la misión francesa de la Escuela que fue financiada por el Ministerio de Asuntos Exteriores, el Departamento de Antigüedades de Jordania y la fundación Rockefeller de Jerusalén) a Qumrán para el estudio de las ruinas del yacimiento de las cercanías del Mar Muerto. Encabezó asimismo el equipo internacional formado por siete grandes expertos (Jozef Milik, Patrick Skehan, Frank Cross, John Allegro, John Strugnell, Jean Starcky y Claus Hunzinger, a los que se incorporó también Maurice Baillet) organizado en el año 1953 para preparar la publicación de los manuscritos.

La excavación de los grandes yacimientos de Judea (Jerusalén, Jericó y las fortalezas de Masada y de Herodión), sin olvidar las orillas transjordanas del Mar Muerto (Callirhoe y Maqueronte), ha permitido descubrir una nueva y considerable documentación que rebate en parte la tesis esenia del padre De Vaux relativa al enclave arqueológico de Qumrán. Así, Norman Golb, profesor de la Universidad de Chicago y autor mundialmente reconocido especializado en el pasado judío, publicó en 1995 una importante obra poniendo en tela de juicio que Qumrán fuese un santuario esenio. Norman Golb creía que más bien se trataría de un fortín con su torre de vigi-

EL YACIMIENTO ARQUEOLÓGICO DE QUMRÁN

lancia, su muralla y su cementerio. Según él, Qumrán era el centro militar de la resistencia zelote (guerreros judíos) frente a la ocupación romana.

Los descubrimientos de Norman Golb han servido de inspiración para varios libros y numerosos artículos sobre los rollos del Mar Muerto, los jazares, los prosélitos medievales y la historia de los judíos de Egipto, de Sicilia y de la Francia medieval. Norman Golb recibió, en 1984, la Gran Medalla de la ciudad de Ruán.

«En 1994 —explica Norman Golb—, un equipo dirigido por el doctor Yizhar Hirschfeld, de la Universidad Hebrea, descubrió un yacimiento poco conocido situado a 3,2 kilómetros al norte de la ciudad de Cesarea, cerca de la costa mediterránea. Este enclave, conocido con el nombre de *Horvat Eleq* («ruina de las sanguijuelas»), es uno de los grupos de construcciones antiguas que ocupaban las alturas imponentes de Ramat Hanadiv, desde donde se puede disfrutar de una vista panorámica que va desde la llanura de Sharon hasta las colinas de Samaria. Las cuatro campañas de yacimientos llevadas a cabo permitieron descubrir pruebas suplementarias sobre la naturaleza secular y no religiosa de Qumrán.

»El equipo descubrió una plaza fortificada típica, semejante a las mencionadas por Josefo en el *Libro de los Macabeos*. Durante la conquista de Judea, los asmoneos construyeron unas cuantas decenas de fortalezas por todo el país, cuya función era, en primer lugar, defender los poblados frente a posibles invasiones enemigas, pero también mantener el control en toda la región, la seguridad de las rutas y los transportes, así como el orden público.

»Los principales elementos descubiertos en las excavaciones realizadas en el yacimiento fueron los restos de una enorme torre fortificada, cuyos muros exteriores tenían más de un metro de grosor, y un conjunto de estancias situadas hacia el este de aquella. El parecido arqueológico entre los dos enclaves, Qumrán y Horvat Eleq, es innegable. Los dos disponen de una torre fortificada provista de salas en el subsuelo y de un muro de piedra, así como de estancias en las cercanías. En Qumrán también se descubrieron diferentes conjuntos de estancias a ambos lados de la torre. El estudio comparativo de los hallazgos arqueológicos demuestra que Horvat Eleq y Qumrán no eran las únicas fortalezas de Palestina, sino que habría que añadirlas a un conjunto de fortalezas similares».[13]

Arqueólogos belgas, como Pauline y Robert Donceel, afirman que el yacimiento de Qumrán debió de ser un antiguo enclave de elaboración de objetos, según el modelo de la villa rústica descrito por el arquitecto romano Vitrubio.

A partir de los restos de un horno del tipo al baño María descubierto en el barrio artesanal y la existencia de frascos de vidrio, afirman que el enclave estaba destinado al cultivo del balsamero (árbol que da el opobálsamo o bálsamo de la Meca) y la preparación de perfumes. El *scriptorium* no sería, según ellos, más que un comedor. Continuando con la idea de una villa rústica, Yizhar Hirschfeld, de la Universidad Hebrea de Jerusalén, situó allí la segunda residencia de un noble judío, sin duda de Jerusalén, por el hecho de que el material arqueológico hallado sería demasiado lujoso para ser de carácter religioso.

Dos australianos, Alan Crow y Lean Cansadle, han hablado, por su parte, de las instalaciones de Ein Feshkha como de un establecimiento de exportación de cristal a Arabia, con sus almacenes, su paseo y su posada, que se hallaba más elevado en la llanura en Qumrán. Más recientemente, dos investigadores israelíes, Yitzhak Magen y Yuval Peleg, insistieron en la gran cantidad de vasos hallados en el yacimiento y redujeron el enclave a una factoría de alfarería con sus hornos, sus estanques de decantación y su almacén. Alegando el origen no qumránico de los manuscritos, estas interpretaciones rechazan los vínculos entre las grutas y el yacimiento, y niegan la identificación de los habitantes de Qumrán con los esenios.

«Resulta que Qumrán —escriben Jean-Baptiste Humbert y Estelle Villeneuve— no tiene nada de fortaleza inexpugnable, que el vi-

---

13. Norman Golb, *Qui a écrit les manuscrits de la mer Morte? À la recherche du secret de Qumrán*, Plon, 1998.

drio no es más abundante aquí que en cualquier otro enclave, que los descubrimientos, muy modestos, no pueden ser presentados como aristocráticos, al igual que tampoco la ruta de Arabia pasa por el Mar Muerto; finalmente, tampoco la disposición espacial de las estancias es la de un taller de alfarería».[14]

Jean-Baptiste Humbert es responsable del Departamento de Arqueología en la Escuela Bíblica y Arqueológica Francesa de Jerusalén, donde reside desde 1969. Participó en las excavaciones de Susa, en Irán, y dirigió los descubrimientos de Tell Keisan, en Galilea, de Khirbet Samra, de la ciudadela de Ammán y del palacio de Mafraq, en Jordania. Además de la publicación de las excavaciones del padre De Vaux en Qumrán, dirigió las de Gaza, en cooperación con las autoridades arqueológicas palestinas.

Estelle Villeneuve es arqueóloga, diplomada en las universidades de Louvain y de Paris-1-Sorbonne. Ha sido becaria de la Academia de Inscripciones y Bellas Letras de la Escuela Bíblica y Arqueológica Francesa de Jerusalén y ha participado en numerosos talleres arqueológicos en Jordania, Siria y Líbano. Investigadora asociada a la unidad mixta de investigación de Arqueologías y Ciencias de la Antigüedad de la Casa de Arqueología René-Ginouvès de Nanterre (Francia), colabora regularmente en la revista *Le Monde de la Bible*.

Gracias a estos dos reconocidos autores y a otros investigadores se asiste a una nueva interpretación del enclave de Qumrán. Tras recuperar los datos procedentes de las excavaciones a la luz de los progresos de la arqueología desde 1960, los especialistas de la Escuela Bíblica han revisado la interpretación del padre De Vaux. Si bien su examen confirma la dimensión religiosa y verdaderamente esenia del enclave, la ocupación no es tan antigua como pensaban los primeros investigadores. Lo que hoy día conocemos de la arquitectura aristocrática del Oriente helenístico nos permite distinguir en la estructura cuadrada del patio central de la principal construcción una estancia patricia con restos esparcidos de una decoración monumental y

---

14. Jean-Baptiste Humbert y Estelle Villeneuve, *op. cit.*

numerosas monedas de Alejandro Janneo (104-75 a. de C.). La ocupación habría sido por tanto laica, asmonea y quizá principesca si esta casa con su oasis formaba parte de la fortaleza de Hyrcanión, situada a una hora de marcha.

Se sabe que una casa helenística ocupaba el espolón margoso de Khirbet Qumrán durante el periodo de los reyes asmoneos, sin duda la residencia del dueño de la propiedad agrícola que se extendía más abajo, hasta la orilla del Mar Muerto. Con una anchura de treinta y siete metros, disponía de un patio anexo y una cisterna. Su fachada principal, abierta al norte del barranco que descendía hacia el oasis, estaba flanqueada por una torre destinada a la vigilancia. Los esenios remodelaron este conjunto, especialmente en su parte sur, para instalar cisternas y baños rituales, y añadir algunos anexos acordes con las necesidades de sus piadosas actividades. Destruida hacia mediados del siglo I a. de C., la casa restaurada habría acogido a los primeros esenios, pero no antes de Herodes (37 a. de C.).

Se conoce, sin embargo, que los manuscritos descubiertos en las grutas de los alrededores no proceden de un solo grupo judío religioso sino de varios.

No obstante, la función religiosa del enclave ha quedado demostrada, gracias al reciente examen de los vestigios y de las excavaciones arqueológicas que han aportado las pruebas definitivas.

La orientación del recinto norte corresponde a la de Jerusalén: debía de ser el espacio al aire libre en el que los fieles se reunían para rezar, vueltos hacia el templo. La muralla, de varios kilómetros, que salía de Qumrán y unía el oasis hasta Ein Feshkha, sería la tapia simbólica de un espacio reglamentado, en cuyo interior estaba permitido circular el sábado (el *sabbat*), a fin de que los miembros de la comunidad religiosa no quedaran aislados del campo y de la fuente. La sala donde el padre De Vaux veía un refectorio para la comida sagrada habría correspondido al rito judío anual de la ofrenda de las primicias. La sala vecina donde se encontraba apilada con cuidado la vajilla estaba amurallada, fuera para interrumpir el rito en beneficio de un culto más espiritual, fuera para evitar una profanación. Los depósitos de osamenta de animales enterrados serían los restos de las comidas sagradas, quizá correspondientes a la pascua judía.

La arqueología moderna sugiere la existencia de un centro de culto judío, abierto y múltiple, no encerrado en sí mismo. La comunidad esenia era, sin embargo, la más importante, dado que los autores antiguos Plinio *el Viejo* y Dion Crisóstomo situaron los grupos esenios en la orilla oeste del Mar Muerto. El lugar ofrece, según Flavio Josefo y Filón, el marco adecuado para todo aquello que sabemos de la vida esenia.

A propósito de los depósitos de huesos descubiertos en el patio norte del enclave, Filón y Plinio afirman que los esenios estaban «dedicados al servicio de Dios sin sacrificar animales». Sin embargo, Josefo hablaba de lo contrario. Es posible, pues, que estas menciones contradictorias señalen una evolución de la comunidad esenia, orientada hacia una forma religiosa menos sangrante y más serena, lo que la presencia del depósito de vajilla litúrgica ilustraría especialmente.

A unos cuarenta metros al este de las ruinas se encuentra, en la llanura, un importante cementerio que llega hasta la pendiente y que sorprendió a los arqueólogos por su sobriedad y su estricta organización. Esta sobria religiosidad del lugar parece tener relación con la presencia de esenios. Norman Golb ve allí, por el contrario, un cementerio militar de los zelotes caídos en la región de Qumrán durante la primera revuelta judía contra el ocupante romano. Posteriormente han sido descubiertos dos cementerios del mismo tipo, que ofrecen objetos similares. El primero se encuentra en la periferia de Jerusalén, en Beit Safafa, cerca del barrio donde habrían vivido los esenios. El segundo, en Khirbet Qazone, en la orilla oriental del Mar Muerto, se sitúa en territorio nabateo. El tipo de enterramiento de Qumrán no sería por tanto únicamente propio de los esenios, sino que habría acogido a judíos de diferentes comunidades religiosas. La existencia de algunas sepulturas femeninas también demuestra que los esenios no eran contrarios a la presencia de las mujeres. En el año 1990, la filósofa norteamericana Linda Bennett denunció una visión demasiado machista del esenismo y rehabilitó el papel de las mujeres en Qumrán, a partir del hecho de su presencia en el cementerio. El antropólogo israelí Joe Zias defiende, en cambio, el celibato esenio de Qumrán al demostrar que los esqueletos femeninos pertenecen a intrusiones beduinas tardías.

Dos kilómetros al sur de Khirbet Qumrán, cerca de la fuente de Ein Feshkha, en el límite de las aguas saladas del Mar Muerto, se levantan los restos de un conjunto de construcciones cuyo origen todavía se está discutiendo. La alfarería es idéntica a la de los esenios del enclave. Una muralla de piedra en seco que se prolonga hacia el noreste en dirección a Qumrán parece reunir los dos establecimientos en un único territorio agrícola que ocuparía una tierra bien irrigada y con un amplio palmeral. El edificio principal, de forma rectangular, era una casa helenística con estancias dispuestas alrededor de un patio central, en la que un tramo de escalones conducía a las terrazas. En el amplio recinto que se extendía hacia el suroeste de la casa había un cobertizo de treinta metros de longitud y abierto por el sur, donde los pilares soportaban un alero. La instalación parecía aprovechar el sol para crear una sombra, lo que parece sugerirle al padre De Vaux que podía tratarse de un secadero de dátiles, instalación muy habitual en los palmerales. En el recinto norte de la construcción central, un conjunto de estanques y cubas era surtido por una fuente ya seca en nuestros días. El conjunto disponía de una alimentación de agua y de un pozo para recoger alguna materia no identificada. El padre De Vaux pensaba en la existencia de una tenería o una curtiduría para la preparación de pergaminos. Dos importantes tambores monolitos cercanos a los estanques habrían servido para tratar las pieles. Se ha sabido después que esta instalación era una industria textil que habría contribuido a la salvaguarda de los manuscritos.

Además de las once grutas con manuscritos descubiertas en Qumrán, otras veintiséis cobijaban diversos objetos, algunos de cerámica. Las jarras que contenían manuscritos y las tapaderas eran con gran diferencia las más numerosas y las que con más frecuencia aparecían rotas. También aparecieron otros objetos útiles, como vajillas domésticas, lámparas, huesos de dátiles, fragmentos de telas y de cuerdas, esteras y fundas de filacterias (pequeñas cajas de cuero que llevaban sobre la cabeza con los brazos y que guardaban pequeños rollos en los que habían escrito breves pasajes religiosos). Las estrechas cavidades abiertas en los acantilados eran manifiestamente impropias para ser habitadas y contenían pocos objetos. Las cuevas naturales de los acantilados sí que sirvieron, en cambio, como almacén. Las pértigas de madera descubiertas en una de las grutas serían los montantes de un telar vertical. Nuevas excavaciones arqueológicas llevadas a cabo durante los años noventa del siglo XX por investigadores israelíes no aportaron nuevos datos que avalasen la existencia de hábitats en las grutas ni tampoco de campamentos cercanos al lugar. Desde entonces se cree que estas no sirvieron más que de refugio ocasional para los combatientes de Bar Kokhba durante la segunda revuelta judía contra el ocupante romano.

Preparados con vistas a una prolongada permanencia en las cuevas, los manuscritos fueron protegidos contra la humedad, los roedores y los insectos, por lo que fueron enrollados y envueltos en una funda protectora y colocados en jarras. También fue necesario darles una forma de identificación.

Ciento cincuenta trozos de tela y más de un centenar de jarras han sido descubiertos en casi todas las grutas, incluidas aquellas en las que no se han descubierto manuscritos.

Los manuscritos fueron enrollados cubiertos con una primera tela rectangular de lino de un solo color y después con otra igual colocada en diagonal. La funda exterior se encontraba decorada con motivos geométricos teñidos con índigo. Los análisis han mostrado que el tinte utilizado era de una alta concentración, tanto que al menos requería cien kilos de tinte por cada kilo de fibras. Cada tela presentaba una disposición propia hecha a base de rayas o de rectángulos azules, de manera que creaba combinaciones únicas. La variación de los motivos respondería a un código específico creado para identificar los manuscritos en su propia funda. Sin embargo, no todos los manuscritos dispusieron de una protección tan eficaz. El tinte de lino comprendía una mezcla de fibras animales y vegetales, pero el fraude más habitual consistía en teñir lana en lugar de lino.

Una vez cerrados en su funda textil mediante cintas de cuero, los rollos eran depositados en jarras de dos tipos: unas eran altas y cilíndricas, y otras, más bajas, ligeramente ovoides y dotadas de tres o cuatro pequeñas asas. La conservación de los manuscritos en jarras de tierra cocida ya se citaba en la Biblia, y no se sabe que hubiera que seguir ninguna norma legal para su fabricación. A continuación el cuello de la vasija era obturado con una tapadera. Los textos así protegidos quedaban preparados para resistir agresiones externas de todo tipo.

«Uno de los métodos empleados para la datación de los manuscritos del Mar Muerto consiste en analizar y fechar los objetos descubiertos en las ruinas de Khirbet Qumrán —escribe John DeSalvo— suponiendo, evidentemente, que exista una vinculación entre la comunidad de Qumrán y los manuscritos descubiertos en las grutas. Recipientes de arcilla y fragmentos de estos están entre los objetos más numerosos descubiertos en las excavaciones. Se han encontrado especialmente jarras, vasos y platos probablemente utilizados para beber, comer y cocinar».[15]

Algunos de los objetos hallados en el enclave también pueden ser datados mediante el carbono 14. Entre ellos se encuentran boles, peines y cajas.

También se han encontrado numerosas piezas de lino, algunas de ellas envolviendo manuscritos, además de filacterias, cestas, elementos de piedra e incluso monedas acuñadas entre los años 130 y 125 a. de C. El único estilete encontrado en Qumrán (tintero de bronce) guardaba todavía trazas de tinta seca. Se trataba de una herramienta para que escribieran los copistas. La tinta era preparada a base de polvo de carbón y de goma.

---

15. John DeSalvo, *op. cit.*

EL YACIMIENTO ARQUEOLÓGICO DE QUMRÁN

Uno de los primeros arqueólogos que exploró el sitio de Qumrán fue el pastor inglés Henry Baker Tristram (1822-1906). Entre 1858 y 1872 viajó varias veces a Palestina para buscar el emplazamiento de las antiguas ciudades bíblicas de Sodoma y Gomorra. Tristram no halló prueba alguna de una posible relación entre ambas ciudades y el enclave de Qumrán.

Entre 1872 y 1873, Charles Clermont-Ganneau (1846-1923), un célebre arqueólogo francés, exploró diferentes enclaves de Palestina. Exhumó diversas tumbas descubiertas en las cercanías de Jerusalén, así como una situada en el enclave de Qumrán. Sin embargo, no exploró las cuevas de los alrededores y estimó que el lugar no revestía gran importancia histórica. De hecho, el enclave no suscitó ningún interés durante el siguiente siglo y medio.

Como resultado de las recientes exhumaciones, los investigadores estiman hoy, tras descubrir tres estratos distintos, que el lugar conoció tres ocupaciones diferentes. Gracias a la identificación de piezas de alfarería, monedas y otros objetos, los arqueólogos están hoy en condiciones de asignar fechas a los diferentes estratos descubiertos en los que han aparecido distintos objetos. Creen que el primer periodo de ocupación, llamado *fase israelí*, se produjo entre los siglos VIII y VII a. de C., es decir, hacia finales del reino de Israel. El segundo periodo, conocido con el nombre de *fase comunal*, correspondería en opinión de muchos especialistas a la etapa de ocupación de los esenios, que terminó en el año 68 d. de C., con la destrucción del enclave por los romanos. Parece que el ejercito romano instaló allí un destacamento antes de abandonar el lugar en torno al año 73 d. de C. El enclave se mantuvo sin ser ocupado cerca de sesenta años.

El tercer y último periodo, llamado *fase de la segunda revuelta*, duró entre los años 132 y 135 d. de C. Los judíos habrían encontrado allí refugio para escapar al ejército romano durante la represión de la segunda revuelta judía. Vamos a detenernos ahora en el segundo periodo, la fase comunal, correspondiente pues, en opinión de numerosos especialistas, a la etapa de ocupación de los esenios.

LOS MISTERIOS DE LOS MANUSCRITOS DEL MAR MUERTO

El descubrimiento de los cementerios de Qumrán representa un hecho histórico importante. Tres cementerios habrían sido utilizados por los esenios. El principal, el más grande, situado al este del enclave, tiene mil doscientas tumbas. Otros dos cementerios de dimensiones más modestas también han sido exhumados, uno al norte del enclave y el otro al sur, cada uno de ellos con no más de cincuenta tumbas. El padre De Vaux descubrió los primeros esqueletos en los cementerios de Qumrán entre 1949 y 1955. Entre 2001 y 2002 se cartografió finalmente la zona, pero no se encontró ningún objeto o bien personal cerca de los restos óseos hallados en las tumbas. Cada una de las tumbas estaba recubierta de una losa de piedra. Las autopsias han revelado que la mayoría de las personas inhumadas tenían cuando murieron una edad cercana a los cuarenta años. La mayor parte eran hombres, si bien en algunas tumbas exhumadas se encontraron cuerpos de mujeres y de niños.

Investigaciones más recientes nos indican que en realidad existen seis cementerios y no tres, que corresponden a las secciones norte y sur del cementerio principal, a las extensiones norte, central y sur, y a otro ubicado en la colina norte.

Examinemos más en detalle las once grutas en las que fueron encontrados los textos y fragmentos de objetos. La gruta uno contenía once manuscritos intactos, jarras de barro cocido y trozos de recipientes, así como fragmentos dispersos de manuscritos. Parece que permaneció inviolada hasta 1947. Habría sido sellada en los años sesenta después de Cristo.

En ella se encontraron cincuenta jarras. Las reconstrucciones efectuadas a continuación permiten suponer que esa gruta llegó a albergar al principio no menos de ochenta manuscritos intactos. Nadie sabe qué ocurrió con una parte de ellos. Se cree que los beduinos pudieron utilizarlos en sus campamentos para encender fuego o quizá los vendieron en el mercado negro. También es posible que algunos quedasen desintegrados por las propias condiciones climáticas, la erosión o que fueran destruidos por la acción de algunos insectos.

EL YACIMIENTO ARQUEOLÓGICO DE QUMRÁN

La gruta dos, descubierta en el año 1952 por los arqueólogos, contenía algunas jarras rotas hechas de barro cocido, así como fragmentos de unos cuarenta manuscritos, de los que la mayor parte eran textos bíblicos, mientras que otros eran extractos de los evangelios apócrifos.

La gruta tres también fue descubierta por los arqueólogos en 1952. En ella se encontraron fragmentos de treinta jarras rotas y de veinticinco manuscritos. Sin embargo, dio lugar, además, a un descubrimiento excepcional que alcanzó gran resonancia mundial, ya que hablamos del único Rollo de cobre descubierto en las grutas, cuyo contenido correspondía a un verdadero mapa del tesoro, porque señalaba sesenta y cuatro lugares de Palestina donde habían sido escondidas importantes cantidades de oro y plata. El Rollo de cobre quedó partido en dos durante la excavación. Contenía un texto redactado en hebreo que había sido grabado sobre el cobre a base de martillo y buril. En total sumaba más de tres mil caracteres hebreos. Resultó muy difícil desenrollarlo sin que se rompiera o se descompusiera. Fue tan complicado que abrirlo representó varios años de trabajo. Para lograrlo y poder leer su contenido fue preciso recortarlo en partes, una tarea que fue acabada en 1956 en el Instituto de Tecnología de Mánchester, en Gran Bretaña. Los especialistas consiguieron dividirlo en veintitrés franjas estrechas y ligeramente curvas gracias a la utilización de una sierra circular. Cuando por fin pudo ser leído y traducido, se vio que señalaba sesenta y cuatro emplazamientos de Jerusalén y sus alrededores en los que habría unas veinticinco toneladas de oro y sesenta y cinco de plata. Se trata del único Rollo de cobre descubierto y no corresponde a ningún sistema de clasificación. Fue redactado en una lengua hebrea diferente a la de los otros manuscritos del Mar Muerto. Podría quizá tratarse de un dialecto local que presenta una escritura única, en la que algunas palabras están escritas de una manera inesperada.

«Parece improbable —escribe John DeSalvo— que los esenios, secta ascética que había renunciado a las posesiones temporales, pudieran disponer de semejante tesoro. Algunos creen que podía tratarse del tesoro del templo de Jerusalén, que habría sido escondido antes de que los romanos entrasen en la ciudad y la destruyesen entre los años 66 y 70 d. de C. Pero si este tesoro era el del templo, ¿por qué la secta de Qumrán recibió el mapa a fin de ocultarlo entre sus manuscritos? Diferentes preguntas quedan todavía por aclarar y numerosas hipótesis han sido ya avanzadas hoy por hoy».[16]

Algunos investigadores piensan que se trata de simple ficción. El mapa no sería más que un elemento de una novela sobre un tesoro enterrado. Otros creen, por el contrario, que este mapa conduce a un tesoro que espera todavía ser descubierto. Se trata de un mapa que se muestra preciso en la medida que indica emplazamientos específicos (tumbas, estanques, subsuelo, etc.), el contenido exacto del tesoro y la profundidad a la cual está enterrado. En su conjunto, el texto enumera especialmente los tres lugares principales en los que está enterrada la mayor parte del tesoro, a saber, Jerusalén, Jericó y sus alrededores, sin olvidar la zona del Mar Muerto. Además de oro y plata, el tesoro se compone de jarrones, ropajes sacerdotales y diferentes piezas de mobiliario procedentes del templo de Jerusalén. El sexagésimo cuarto y último escondite mencionado no contendría ningún tesoro, sino una copia del Rollo de cobre que daría otras informaciones y medidas relacionadas con el emplazamiento del tesoro. Algunos investigadores creen que sería necesario poseer los dos mapas para encontrar el tesoro. También puede suceder que el segundo mapa sea necesario para descifrar el primero.

El tesoro fue muy especialmente buscado por John Allegro (1923-1988), epigrafista inglés de la Universidad de Mánchester y miembro del equipo internacional encargado de la publicación de un conjunto de manuscritos de la gruta cuatro. También escribió numerosas obras sobre los manuscritos del Mar Muerto. En 1953 se incorporó a un equipo encargado de estudiar los manuscritos, en el que permaneció hasta 1970. Fue uno de los miembros más controvertidos del equipo y puso en duda las teorías ortodoxas y tradi-

---

16. John DeSalvo, *op. cit.*

cionales con relación a los manuscritos. Declaró que el retraso en la publicación de los manuscritos fue debido a una conspiración del Vaticano, tesis que fue ampliamente rechazada a continuación por los más importantes especialistas y la propia Iglesia. Persuadido de la existencia de ese tesoro escondido, puso en marcha una expedición en 1962 que logró tener una amplia cobertura mediática. Investigó documentos y objetos que pudieran informar sobre el lugar en el que se encontraba el tesoro, pero la búsqueda no dio nunca resultados, si bien fueron identificados algunos emplazamientos potenciales.

El descubrimiento del Rollo de cobre constituye sin embargo un cuestionamiento de la tesis oficial, según la cual los esenios de Qumrán habrían estado en el origen de la ocultación de los manuscritos en la gruta y de la redacción de algunos de ellos. Parece del todo improbable que fueran los propietarios del tesoro evocado en los rollos porque ha sido aceptado por todos que esta comunidad religiosa había renunciado a toda posesión material. Si esta historia del tesoro escondido es real, ¿de dónde procede y por qué fue ocultado? Es posible que un grupo que estuviera en posesión del tesoro pidiera a la comunidad de Qumrán que escondiera el mapa en una de las grutas. Las posibilidades son muchas y los hechos establecidos más bien escasos.

Algunos investigadores creen que la ocultación descrita en el Rollo de cobre remite al templo de Jerusalén, y que el conjunto fue ocultado ante el previsible pillaje y destrucción de la Ciudad Santa por el ejército romano en el año 68 d. de C. Esta hipótesis parece probable, porque el templo de Jerusalén representa el único lugar adecuado para depositar tal cantidad de oro y plata en esa época. Otro indicio es que algún mobiliario específico del templo de Jerusalén figura en la lista del tesoro.

Algunos especialistas estiman que los sacerdotes del templo de Jerusalén ocultaron el tesoro en los sesenta y cuatro emplazamientos mencionados y elaboraron un mapa de cobre a fin de que pudiera ser recuperado posteriormente. Aquellos habrían ocultado personalmente el Rollo de cobre en la gruta tres o habrían pedido a la comunidad de Qumrán que lo hiciera por ellos. Esta interpretación contradice, sin embargo, el hecho de que la comunidad esenia habría estado en profundo desacuerdo con los sacerdotes del templo de Jerusalén. No olvidemos que el templo de Jerusalén cumplía funciones de banca y que muchas personas y mercaderes ricos tenían la costumbre de depositar allí sus bienes de valor. Estimaciones realizadas en torno al año 1960 cifraron el valor actualizado del tesoro en casi un millón de euros. No obstante, el problema más importante de esta tesis reside en que los dos grupos no se tenían demasiada simpatía: los esenios consideraban a los sacerdotes de Jerusalén funestos y apóstatas. ¿Por qué tenían que ayudarse mutuamente? Sin embargo, es posible que ambos unieran sus fuerzas para combatir al enemigo común, los romanos, más peligroso, sin duda, que sus propias discrepancias.

Los fragmentos del Rollo de cobre se conservan y están expuestos en una vitrina de cristal tapizada de terciopelo, concebida para esta finalidad por el Museo Arqueológico de Jordania en Ammán. El Rollo de cobre continúa, sin embargo, oxidándose poco a poco, especialmente en los puntos en los que fue cortado con la sierra circular.

«Parece poco probable —escribe John DeSalvo— que este mapa del tesoro no sea más que pura ficción. El cobre era, en efecto, un material muy caro, con mayor razón cuando para realizarlo se habría utilizado cobre muy puro. Grabarlo con martillo y buril representaba además para la época una tarea larga y costosa. Finalmente, la descripción extremadamente precisa de los emplazamientos da la impresión de que se trata, aunque parezca imposible, de un auténtico mapa del tesoro. Si esta historia no era más que una ficción, ¿por qué alguien se tomó la molestia de esconder el rollo en una gruta donde sólo sería encontrado una vez que hubieran pasado bastantes generaciones, incluso miles de años? El hecho de que este mapa fuera grabado en cobre y no dibujado en un pergamino o en un papiro indica además que el autor quería que se conservara mucho tiempo.

EL YACIMIENTO ARQUEOLÓGICO DE QUMRÁN

Todos ellos son elementos que permiten suponer que este mapa es auténtico».[17]

El autor de estas líneas anteriores no es un don nadie. John DeSalvo es director de la Asociación de Investigación de la Gran Pirámide de Giza, que se dedica a poner a disposición del gran público los recientes descubrimientos relativos a la Gran Pirámide. Desde hace más de veinte años es vicepresidente de ASSIST, una asociación de universitarios dedicados a estudiar el sudario de Turín. Este antiguo profesor de enseñanza superior ha publicado un conjunto de obras sobre diferentes temas, entre otras el *best seller Decoding the Pyramids*. Ha mostrado mucho interés por los manuscritos del Mar Muerto y trabaja regularmente también como locutor radiofónico.

Volviendo a la cuestión de las grutas, la número cuatro fue descubierta en 1952 y resultó ser la que ocultaba el mayor número de fragmentos de manuscritos. En primer lugar fue explorada por los beduinos, que deseaban vender los textos en el mercado negro. Se estima, sin embargo, en quinientos sesenta el número de manuscritos originales encontrados.

Los arqueólogos consagraron más de seis años a retirar todos los fragmentos que todavía quedaban en esta gruta.

Una quinta gruta fue también descubierta por los arqueólogos en el año 1954. En ella se encontraron fragmentos de unos treinta manuscritos en muy mal estado.

La gruta seis, hallada por los beduinos, ofreció fragmentos de unos treinta y cinco manuscritos. En las grutas siete, ocho, nueve y diez sólo fueron descubiertos algunos fragmentos. El rollo más largo fue encontrado en la gruta once; se trataba del Rollo del Templo. Durante mucho tiempo escondido por Sahin, el zapatero anticuario de Belén, fue recuperado por las autoridades israelíes en 1967.

---

17. John DeSalvo, *op. cit.*

El judaísmo y el misterio de los esenios

El judaísmo, la primera de las religiones monoteístas, cuya historia abarca más de tres milenios, comenzó en Mesopotamia aproximadamente hacia el año 1850 antes de nuestra era, cuando Dios se apareció a Abraham y estableció con él una alianza, le prometió una numerosa descendencia y le dio la orden de abandonar su país y dejar a su familia para establecerse en Palestina, la Tierra Prometida.

Los descendientes de Abraham, los doce hijos de Jacob (hijo de Isaac y nieto de Abraham), fueron empujados por el hambre a emigrar a Egipto. Después de un periodo próspero, se vieron convertidos en esclavos y amenazados con ser exterminados. En esas circunstancias, Moisés recibió de Dios la orden de liberar a su pueblo del yugo egipcio y conducirlo a Palestina en el siglo XIII antes de nuestra era. Durante el éxodo que siguió, Dios dictó a Moisés, en el monte Sinaí, el Decálogo, los Diez Mandamientos grabados en las Tablas de la Ley y recogidos en la Biblia: «Yo soy el Eterno, tu Dios. No adorarás ídolos. No invocarás el nombre del Eterno en vano. Santificarás el sábado. Honrarás a tu padre y a tu madre. No matarás. No cometerás adulterio. No robarás. No levantarás falsos testimonios contra el prójimo. No codiciarás los bienes del prójimo. No desearás a la mujer del prójimo».[18]

Estas leyes fundamentales de la alianza entre Dios y el pueblo hebreo fundaron la base de la Ley judía y fueron el origen de los

---

18. *La Bible de Jérusalem,* Éditions du Cerf, 2003.

mitsvoth, las seiscientas trece prescripciones de orden moral y práctico que fueron impuestas a los judíos. Los Diez Mandamientos fueron grabados en las Tablas de la Ley y conservados en un cofre, el Arca de la Alianza, un verdadero santuario portátil.

El pueblo judío se instaló posteriormente en la Tierra Prometida, la actual Palestina. En el siglo x a. de C., David unificó el reino de Israel y conquistó Jerusalén. Su hijo Salomón hizo construir el Templo, lugar de culto y sacrificio, donde fue depositada el Arca de la Alianza. En el año 587 a. de C., Nabucodonosor, rey de Babilonia, emprendió una amplia campaña militar contra sus vecinos del reino de Israel. Destruyó el templo de Jerusalén y deportó al pueblo hebreo a Babilonia. Autorizados a volver a Judea en 539 a. de C., los judíos reconstruyeron por segunda vez el templo de Jerusalén.

El marco religioso que envuelve la historia de Qumrán es el del judaísmo salido de las reformas llevadas a cabo en el siglo v a. de C., después de la vuelta del exilio en Babilonia. El ancestral culto a Yahvé y la exclusión de cualquier otra divinidad se organizó en torno a la Ley, al templo de Jerusalén y a la institución sacerdotal. En paralelo, las tradiciones populares y los archivos oficiales fueron reunidos y conformaron el esbozo de lo que se convertiría en la Biblia. La Ley, la Tora en hebreo, se elaboró alrededor de la figura fundadora de Moisés. Los cinco libros que la componían, en griego Pentateuco, codificaron estrechamente la espiritualidad y la vida diaria de los judíos. La Tora cumplió la función de libro fundador de la identidad religiosa y de la pertenencia al pueblo judío.

La Tora, del verbo hebreo *yaroh* («enseñar», «instruir»), comprende los cinco primeros libros de la Biblia (Génesis, Éxodo, Levítico, Números y Deuteronomio) escritos por Moisés pero que le fueron revelados por Dios en el monte Sinaí. La Tora es la expresión de la voluntad divina. En este sentido, la Tora es también la Ley, el conjunto de reglas impuestas a los judíos en todos los campos de la existencia, unas normas religiosas y morales, pero también civiles y penales, que guían al hombre en su vida cotidiana y en sus relaciones con los demás.

EL JUDAÍSMO Y EL MISTERIO DE LOS ESENIOS

Los judíos creen en un Dios único, creador del universo, de la tierra y de la humanidad, que rige el destino de los hombres, un Dios trascendente que se reveló al pueblo hebreo, le dictó su ley y estableció una alianza con él. Esta alianza hizo del pueblo judío el elegido: el pueblo de Dios. Los judíos esperan, al final de los tiempos, la llegada de un mesías que expiará los sufrimientos del hebreo y traerá la paz y la justicia eterna.

El templo de Jerusalén se convirtió en el único lugar donde se daba la presencia de Dios. El culto a Yahvé estaba regido por reglas estrictas sobre la pureza ritual y dirigido por sacerdotes. Estos realizaban las ofrendas y sacrificios diarios según el calendario litúrgico, estructurado en torno al *sabbat* semanal y marcado por las grandes fiestas anuales. El clero, fuertemente jerarquizado, incluía a sacerdotes que realizaban la liturgia, levitas encargados de los sacrificios y una multitud de cantores y servidores. Sus cargos se convirtieron en monopolios familiares que se transmitían de generación en generación. El cuerpo sacerdotal dependía de un consejo, el Sanedrín, dirigido por el sumo sacerdote, que era escogido en la línea de Sadoq, el sacerdote vinculado al rey Salomón. Los poderes temporales y los religiosos fueron repartidos entre el rey y el sumo sacerdote. En ausencia de la institución real, la sacerdotal respondía ante el conjunto de la comunidad.

Después de la conquista de Alejandro Magno, en el año 332 a. de C., Judea, la patria del judaísmo, se enfrentó durante tres siglos al dominio hegemónico de los reinos helenísticos de Oriente. Judea, una pequeña provincia desprovista de suficiente capacidad militar, fue objeto de las rivalidades territoriales de los sucesores de Alejandro Magno, que se disputaban Siria y Palestina. Judea pasó a ser sucesivamente primero posesión de la dinastía lágida, o ptolemaica, que gobernó en Egipto, y después de los reyes seléucidas, que reinaron desde Antioquía sobre Siria y el Éufrates. Durante el siglo III a. de C., el dominio lágida mantuvo la autonomía de Judea. Por el contrario, los seléucidas, que dominaron a partir del año doscientos antes de nuestra era, se inmiscuyeron en los asuntos de Judea y agotaron su tesoro. Su política, sostenida por la aristocracia de Jerusalén, separó del gran sacerdocio a la familia de los Salócidas y provocó la cólera de las clases populares. Dos corrientes dividieron entonces Judea. Los helenistas, partidarios de los seléucidas, se mostraron dispuestos a renunciar a sus costumbres judías para adoptar el modo de vida de los griegos. Los asideanos aglutinaron a quienes se sentían más vinculados a la tradición judía y exigieron la escrupulosa observación de la Ley. La presencia de helenistas y paganos constituía a su entender una amenaza para la religión judía.

En el año 167 antes de nuestra era, el rey seléucida Antíoco IV impuso en el templo de Jerusalén al dios olímpico Zeus, forma helénica de Baal Shamem, al dios sirio del cielo y de la fecundidad. Su presencia fue vista como una profanación del templo, lo que provocó una revuelta general de tipo religioso y militar, dirigida por una familia de Modín, ciudad situada a veinticinco kilómetros al oeste de Jerusalén, descendiente de un ancestro epónimo, Asmón. Inspirada por el sacerdote Mattathias, la revuelta fue dirigida por sus cinco hijos, bajo el mando del segundo, Judas, llamado *Macabeo*, que, con el apoyo de los asideanos, consiguió, tres años más tarde, la liberación del templo. La resistencia continuó su lucha contra el poder seléucida en el plano político y, a costa de un compromiso que molestó a los más religiosos, la dinastía asmonea restauró la autonomía territorial y obtuvo finalmente la independencia de Judea. Esta instauró, en el año 104 a. de C., una monarquía judía que, paradójicamente, adoptó el helenismo y se reservó el cargo de sumo sacerdote, rompiendo con la tradición salócida. La corriente asideana denunció una usurpación y arrastró a los puristas, indignados por la acumulación ilegal de los cargos real y sacerdotal.

En el 63 a. de C., el general romano Pompeyo se apoderó de Judea y puso fin al Estado judío. Roma favoreció la ascensión de Herodes, hijo de una poderosa familia originaria de la provincia de Idumea, fuertemente helenizada. En el año 37 a. de C., Herodes llegó al poder, restauró el reino de Judea y se situó bajo la dependencia de la tutela romana. Su régimen autoritario, la romanización del reino, su notoria impiedad y su ascendencia extranjera (nabatea por línea materna) tropezaron con los judíos tradicionalistas. Para ganárselos para su causa decidió renovar con suntuosidad el templo de Jerusalén.

En el año 6 de nuestra era, después de la conflictiva sucesión de Herodes, que había muerto dos años antes, Judea fue anexionada a la provincia romana de Siria. La presión fiscal y la gestión brutal de los gobernantes envenenaron las relaciones entre la población local y la autoridad romana. La obligación de practicar el culto imperial, piedra angular de la política unificadora de Roma, suscitó entre los religiosos judíos una condena inapelable. En esas circunstancias, una ola de profetismo mesiánico anunció el fin de los tiempos y la llegada de un liberador para Israel. Los movimientos patrióticos crearon un clima de insurrección latente. La resistencia volvió a la guerra civil a partir del año 66 de nuestra era. Roma envió un número importante de tropas a reconquistar Galilea bajo la dirección de Vespasiano. Su hijo, Tito, sitió Jerusalén e incendió el templo el 9 de agosto de 70, poniendo así fin al reino de Judea. El último movimiento de resistencia judía se produjo en la fortaleza de Masada, que acabó sucumbiendo en el año 73, después de mostrar una actitud heroica. Un grupo de fariseos consiguió refugiarse cerca de Jaffa. La Judea en ruinas esperó cincuenta años antes de poner en marcha una segunda revuelta, en tiempos del emperador Adriano. Simón Ben Kosiba (o Bar Kokhba), reconocido por algunos como mesías de Israel, retomó la lucha contra Roma. Tres años de lucha de guerrillas, iniciada a partir de los refugios diseminados por las montañas del desierto de Judea, pusieron a las tropas romanas en serias dificultades.

Sin embargo, la insurrección fue finalmente aplastada en 135. Jerusalén quedó entonces prohibida a los judíos.

El judaísmo encontró, no obstante, un nuevo impulso en Tiberiades, Galilea. Dos escuelas rabínicas florecieron y pusieron las bases de un judaísmo talmúdico, que estaba centrado en la sinagoga y bajo la autoridad de los rabinos.

Entre los siglos II a. de C. y I d. de C., el judaísmo estuvo marcado por la eclosión de diferentes corrientes que conviene examinar. Los fariseos fueron conocidos por constituir un partido disidente desde el reinado de Juan Hircano, y ya incluso bajo Jonathan en la segunda mitad del siglo II a. de C.

El grupo reunía a los expertos en la Ley judía que se mostraban escépticos ante la inminencia del reino de Dios, señalado por la llegada de un mesías.

Las fuentes rabínicas distinguen dos grupos entre los fariseos del tiempo de Herodes: los hillelitas y los shammaítas. Los primeros mostraban más flexibilidad que los segundos en la interpretación de la Ley y la observancia de las reglas entre los judíos.

Los saduceos, corriente que fue fundada en el siglo II a. de C., se mostraban menos indulgentes que los fariseos en la interpretación de los textos religiosos. Negaban la inmortalidad del alma y la resurrección, así como la existencia de los ángeles. Esta aristocracia sacerdotal, hostil a las clases populares, se mostraba favorable al helenismo, posición que no le impidió sucumbir a la represión romana del año 70 de nuestra era.

Los zelotes aparecieron a comienzos de la era cristiana. Este grupo, que reunió sobre todo a personas de las clases más populares, defendía determinados ideales religiosos y una política de vuelta a la observancia estricta de las leyes judías y la conquista de la independencia nacional mediante la expulsión de los ocupantes grecosirios y romanos.

Este grupo estuvo en la base de la revuelta del año 66 d. de C. contra el emperador Nerón. La toma de Masada por los zelotes se llevó a cabo en medio de un baño de sangre en el que murieron los soldados de la guarnición romana. En Jerusalén, los zelotes lograron obtener el control del templo y de la parte baja de la ciudad, en primer lugar, y de la parte alta después. Se apoderaron de la fortaleza Antonia y allí masacraron a las tropas romanas. «Gracias a las armas conseguidas en el arsenal de Masada, adoptaron una actitud tan amenazante que los judíos moderados y los soldados romanos corrieron a refugiarse en el palacio de Herodes antes de capitular. Sólo los judíos salvaron su vida».[19]

Los zelotes se dividieron pronto entre los partidarios de Menahem y los de Eleazar, que reprobaron las ínfulas de grandeza del primero. Finalmente, Eleazar y sus fieles se impusieron y mataron a Menahem, así como a la mayor parte de sus hombres. Los sobrevivientes a esta carnicería se refugiaron en Masada. Eleazar y sus guerreros atacaron enseguida a las últimas tropas romanas. Cercados, los soldados aceptaron capitular a cambio de salvar su vida, pero Eleazar no cumplió su palabra: una vez depuestas las armas, los romanos fueron masacrados un día de *sabbat*. La respuesta romana no se hizo esperar.

Los judíos de Cesarea fueron a su vez masacrados y la región devastada por las tropas imperiales. El ejército de Tito Flavio Vespasiano sitió a los supervivientes zelotes en Masada, que, finalmente, sucumbieron en el año 73 de nuestra era.

Los esenios vivían en comunidades monásticas a lo largo del Mar Muerto y en algunos pueblos de Judea. Autores antiguos, como Plinio *el Viejo*, Filón de Alejandría y Flavio Josefo, que vivieron en el siglo I de nuestra era en tiempos de la comunidad esenia de Qumrán, destacaron con sincera admiración el singular tipo de vida de este grupo: los esenios se mantenían célibes, compartían sus bienes y su ideal de santidad mediante la ascesis y una exigencia muy puntillosa de la pureza. Formaban una comunidad jerarquizada, a la que sólo se podía acceder al final de un largo recorrido de preparación, y sus miembros estaban sometidos a unas reglas muy estrictas. Sus días venían marcados por la oración, la contemplación, el estudio de los textos religiosos y el ejercicio de un oficio. Creían en la resurrección, en la inmortalidad del alma, en la predestinación y en el mesianismo. Respetaban el descanso del *sabbat* y practicaban algunos sacrificios. Eran terapeutas que sabían curar el alma y el cuerpo. Favorables a la astrología, compartían algunas creencias religiosas con los fari-

---

19. Farah Mébarki y Émile Puech, *op. cit.*

seos de su época, pero se alejaban de estos en otras cuestiones. Creían en un dios único, en los ángeles, en la Tora, en numerosas ideas obtenidas directamente de la Biblia y en el Mal; se consideraban a sí mismos hijos de la luz, que se oponían a los hijos de las tinieblas. Creían en la llegada de dos mesías, uno político y otro religioso. Los esenios no seguían las prácticas del templo de Jerusalén, que consideraban pervertidas y corrompidas.

Flavio Josefo, historiador judío del siglo I, escribió a propósito de los esenios: «Los fariseos consideran que algunos acontecimientos son obra del destino, pero no todos... Por su parte, la secta de los esenios declara que el destino es el dueño de todas las cosas y que nada puede sucederle al hombre que no esté conforme con aquel. Los saduceos, por el contrario, no prestan ninguna atención al destino y creen que todo se debe a la acción de los hombres».[20]

Plinio *el Viejo* (23-79 d. de C.) escribió: «Al oeste del Mar Muerto vive la tribu solitaria de los esenios, que se distingue claramente de todas las demás tribus del mundo, dado que no acepta mujeres y ha renunciado al dinero, así como a todo contacto sexual, y vive con las palmeras como toda compañía. Día a día, el flujo constante de refugiados se ve incrementado por las numerosas adhesiones de personas cansadas de la existencia y que la suerte lleva a incorporarse a esta comunidad y adoptar su modo de vida. Desde hace milenios, una raza sin niños se perpetúa de esa manera indefinidamente: ¡así es de prolífico el cansancio existencial de muchos para esta comunidad! Los esenios viven hoy día en los restos de la antigua ciudad de Engedi, cuyas fértiles tierras y el palmeral no eran superados más que por las de Jerusalén, hoy día ambas reducidas a cenizas».[21]

Antes de su destrucción por los romanos en el año 68 de nuestra era, el enclave de Qumrán era una pacífica colonia. Parece que el grupo esenio dejó Jerusalén para establecerse en este lugar, elegido por su situación retirada del mundo exterior. «En esa época —escri-

---

20. Archivos de la Escuela Bíblica y Arqueológica Francesa de Jerusalén.
21. Ibídem.

be John DeSalvo— numerosas personas, grupos y sectas llegaban hasta el desierto y los espacios naturales para llevar una vida religiosa solitaria en un lugar propicio a la búsqueda de Dios, la oración y la meditación».[22] La estructura jerárquica de la comunidad esenia ha quedado demostrada por la disposición de los asientos en las asambleas que mencionan los manuscritos. A la cabeza de esta estructura se sentaba el maestro, seguido de los sacerdotes y los mayores, y después el resto de la congregación. La comunidad disponía de un responsable de finanzas, que administraba los bienes de la misma. Los novicios debían entregar a la comunidad todas sus ganancias. Esta disponía de un consejo compuesto por doce miembros y tres sacerdotes, y en conjunto observaba numerosas reglas religiosas y seculares. Las personas que deseaban convertirse en miembros de la comunidad eran sometidas a un periodo de iniciación que duraba tres años. También existía un periodo probatorio durante el cual los pretendientes tenían libertad para marcharse antes de comprometerse realmente. Los que se quedaban recibían una formación acorde con las reglas comunitarias y eran progresivamente integrados en la comunidad. El candidato era invitado a ceder al grupo todos sus bienes materiales y financieros durante el segundo año de estancia.

A pesar de los desacuerdos que se dan entre los especialistas dedicados al estudio de los esenios, parece que la comunidad principal del enclave estuvo formada al principio por hombres célibes. No obstante, algunas pruebas dan testimonio de la presencia de mujeres y niños susceptibles de cumplir alguna función. Algunos historiadores creen que los miembros casados no vivían en el enclave principal, sino en otros cercanos. Si respetaban las numerosas reglas de la congregación, se beneficiaban de una cierta libertad, a la vez que formaban parte de la comunidad. El grupo se distinguía por compartir totalmente las cosas, utilizar una vestimenta sencilla y austera, y llevar una vida de oración y contemplación. Los esenios no disponían de esclavos.

---

22. John DeSalvo, *op. cit.*

LOS MISTERIOS DE LOS MANUSCRITOS DEL MAR MUERTO

Los manuscritos del Mar Muerto han demostrado que esta comunidad creía en la existencia de un plan divino ejecutado por Dios. Incluso el mal dependía del control de ese plan divino y sería al final vencido por Dios. Para ellos, la lucha entre los espíritus del bien y del mal se producía no solamente en la tierra, sino también en el más allá, en el reino de los ángeles. El escupitajo aparece entre las prácticas sorprendentes desveladas por los manuscritos del Mar Muerto. Sin embargo, debían evitar escupir a la derecha entre las personas.

En opinión de John DeSalvo, parece que los esenios practicaban alguna forma de invocación angélica. En el marco de sus prácticas esotéricas figuraban la adivinación o la profecía, la utilización de plantas y una forma de espiritualismo, en el sentido de que creían en la inmortalidad del alma.

Los textos de los manuscritos del Mar Muerto evocan un determinado número de personajes reales o alegóricos, cuya función parece que fuera esencial para la comunidad de Qumrán. El Documento de Damasco menciona a una personalidad importante presentada bajo el nombre de *Maestro auténtico* o *Maestro de la justicia*. El texto relata que Dios creó para un grupo de judíos de buen corazón un Maestro de justicia, a fin de conducirlos a través de la vía deseada por su corazón. Este maestro era el guía espiritual, el elegido divino para aquellos seres bondadosos, que pueden ser identificados como la primera generación de los esenios: «Dios ha creado al Sacerdote, al Maestro de justicia para construir para Él la congregación».[23] El Maestro, de origen sacerdotal, estaba en el origen de la comunidad: «El Maestro de justicia, a quien Dios ha dado a conocer todos los Misterios de las palabras de Sus servidores los Profetas».[24]

Los historiadores estiman que el Maestro fue el autor, en parte al menos, de las obras esenias halladas en las grutas, como las Reglas y

---

23. Archivos de la Escuela Bíblica y Arqueológica Francesa de Jerusalén.
24. Ibídem.

los Himnos. Este último texto relata claramente la historia de un elegido de Dios colmado de las gracias que corresponden a las calidades del Maestro: «Desde mi infancia, Tú te has manifestado en mí a través de la sabiduría de tus preceptos, me has dado el sostén de una fe inmutable, me has regocijado con tu espíritu santo y hasta este día me has conducido. Has hecho de mí un signo de adhesión para los elegidos de justicia y el intérprete autorizado de los misterios impenetrables. Soy un testigo de cargo para los intérpretes del mensaje y un acusador para todos los videntes de mira corta. A través de mí has dado la luz a muchos y has manifestado tu fuerza inconmensurable, porque me has instruido en tus misterios impenetrables. Me has hecho padre de los niños en la piedad».[25] El título de Maestro de justicia pudo ser aplicado no solamente al fundador de la comunidad, sino también, después de su muerte, a los que le sucedieron en la dirección del asentamiento de Qumrán.

El Comentario de Habacuc, de la gruta uno, presenta una figura antagonista al Maestro de justicia, a saber, el sacerdote impío que ejerció, en primer lugar, su pontificado con honestidad, pero después eligió una vía condenable por la ley: «Fue llamado por su verdadero nombre al principio de su advenimiento, pero después de que hubo gobernado Israel, su corazón se enorgulleció, abandonó a Dios e incumplió las leyes por el deseo de enriquecerse».[26] El texto detalla sus actos de codicia, como el robo de jarras y utensilios sagrados del templo de Jerusalén. Dos manuscritos de la gruta cuatro dan nombre a este sacerdote impío, un tal Jonathan Macabeo. Ahora bien, el primer Libro de los Macabeos, de tendencia farisea, presenta, por supuesto, a este Jonathan desde un prisma bastante más favorable: es el sacerdote guerrero que se bate para lograr la independencia de su pueblo y utiliza una parte del tesoro del templo de Jerusalén para financiar su reconstrucción y mantener un ejército. «Utilizar el tesoro con fines militares o políticos era

---

25. Ibídem.
26. Ibídem.

una actitud políticamente comprensible, pero indigna y reprochable desde el punto de vista de la ley religiosa».[27] Según el Comentario de Habacuc, el sacerdote impío no se mostraba únicamente ávido de riquezas, sino también ebrio.

El Documento de Damasco y la Regla de la comunidad nos hablan de un cierto número de personajes importantes en el seno de la comunidad esenia de Qumrán. Se puede encontrar allí el cargo de superintendente, ejercido por un sacerdote que conoce «todos los secretos de los hombres y todas las lenguas que hablan sus diversos clanes».[28] Este, de entre treinta y cincuenta años, ejercía su autoridad en todas las reuniones, daba la orden de entrada a cada miembro y escuchaba de cada uno aquello que tenía que decir «relativo a cualquier proceso y juicio».[29] Supervisaba el trabajo y los actos de los controladores locales. Decidía sobre la admisión o no en la comunidad de cualquier hombre de Israel deseoso de incorporarse por propia voluntad. Los consejeros de la comunidad eran seleccionados entre los más virtuosos y los más sabios. El consejo estaba compuesto por un total de doce hombres y tres sacerdotes, a fin de que prevaleciera la verdad y la justicia, la caridad afectuosa y la humildad en la conducta. Estas élites debían velar para tener un comportamiento ejemplar, formar discípulos y guiar a los esenios por la vía correcta. En la Regla de la comunidad puede encontrarse la del Instructor, un sabio que debía instruir a todos los miembros de la comunidad. Este personaje era sobre todo el encargado de la educación de los nuevos miembros en la disciplina, el reglamento y los ritos.

Los esenios creían que vivían un periodo de transición, que era de prueba para los justos, y esperaban como inminente el fin del reino de las Tinieblas y la llegada del reino eterno de la Luz. «En general —escriben Farah Mébarki y Émile Puech— el dualismo

---

27. Farah Mébarki y Émile Puech, *op. cit.*
28. Archivos de la Escuela Bíblica y Arqueológica Francesa de Jerusalén.
29. Ibídem.

entre Luz y Tinieblas de Qumrán halló su paralelismo más cercano en el pensamiento iranio, si bien ya era posible descubrir en la Biblia hebrea trazas de un dualismo similar al de Qumrán. De hecho, la idea de que Dios creó el bien y el mal está expresada en Isaías, XVL,7».[30]

El movimiento esenio no sobrevivió a la destrucción del tempo de Jerusalén que se produjo en el año 70 d. de C.

---

30. Farah Mébarki y Émile Puech, *op. cit.*

Jesús, la mística judeocristiana y los esenios

La esencia divina, la concepción virginal, la tentación en el desierto, los primeros discípulos, el sermón de la montaña, la Transfiguración, las curaciones milagrosas, la muerte en la cruz y el rito de la comunión, y el descenso a los infiernos y la Resurrección hacen de Jesús un personaje central de la historia religiosa de la humanidad. Jesús se desmarcó resueltamente de la incitación a la violencia que caracterizó a las sociedades de la época.

Para él no existió el concepto de guerra justa, y por ello decepcionó profundamente a los zelotes en esta cuestión. Lo que dio originalidad a su mensaje, fiel a la sabiduría eterna, fue el rechazo de las costumbres bárbaras de la religión arcaica y la ruptura con los aspectos autoritarios de la religión instituida. Como hijo de Dios que era, se escapa de los moldes sociales tradicionales e históricos en los que se le intenta situar.

Diferentes pasajes de los Evangelios ilustran la profunda renovación de las estructuras mentales y espirituales que intentó instituir. Se enfrentó a los fariseos y a los poderosos de este mundo, expulsó a los mercaderes del templo, asumió la defensa de los pobres y excluidos, y denunció el egoísmo y el orgullo de la sociedad de la época… Los fariseos querían convencerlo de que desobedeciera la ley de Moisés, a la que siempre se declaró fiel, y para ponerlo a prueba llevaron ante Jesús a una mujer descubierta en flagrante delito de adulterio: «—¿Qué debemos hacer? La ley de Moisés nos dice que debemos lapidar a estas mujeres.

»Jesús les respondió:

»—Aquel de vosotros que esté libre de pecado que tire la primera piedra.

»Al oír eso, todos, unos tras otros, se fueron, comenzando por los más ancianos».[31]

Sin renegar de la tradición, Jesús llegó hasta la conciencia de todos aquellos hombres.

El precepto del Evangelio peor comprendido es ciertamente el de la no respuesta a la agresión: «Si os golpean la mejilla derecha, ofreced la izquierda; si os quieren robar la túnica, dad también vuestra capa... Amad a vuestros enemigos. Haced el bien a los que os odian y rogad por aquellos que os persiguen».[32]

Con frecuencia se tiene tendencia a juzgar estos consejos como actos de cobardía, que dan facilidades a los malvados, pero se trata, de hecho, de rechazar la entrada en el engranaje de la violencia, una reacción inesperada orientada a romper la cadena de la brutalidad ciega. El agresor se queda sorprendido porque espera una respuesta o una capitulación. Si no se produce ni la una ni la otra, parece que el cielo se derrumba encima suyo y debe enfrentarse a una situación como mínimo inesperada. Los efectos de la no violencia pueden revelarse como extraordinarios: la serenidad y el amor triunfan. El Evangelio nos invita a realizar una modificación absoluta de las relaciones humanas más habituales. Poner en práctica las enseñanzas de Cristo supone actuar con comportamientos contrarios a todos los primeros impulsos de la cólera, el egoísmo, el sentimiento de posesión, de menosprecio del otro, de autocomplacencia y de autosatisfacción.

No juzgar injustamente al prójimo, perdonar, no despreciar a nadie, ni siquiera a las prostitutas, los borrachos o los recaudadores de impuestos. Alimentar a los hambrientos, pero sin creerse mejor que los demás por ello. Reconocer en todo momento que todos los hom-

---

31. Juan, VIII, *La Bible de Jérusalem*, Éditions du Cerf, 2003.
32. Mateo, V, 39-44, *La Bible de Jérusalem*, Éditions du Cerf, 2003.

bres, incluidos los más malvados, son nuestros semejantes. Dar la vida por los amigos… Y finalmente lo más difícil, el mandamiento menos practicado para desgracia de la humanidad: el reparto de las riquezas. Ante todas esas actitudes, los discípulos se revolvieron: «Lo que es imposible para los hombres es posible para Dios, dijo Jesús».[33] En otras palabras, eso no puede lograrse, si se cree en la sabiduría eterna, más que por la inspiración recibida de las profundidades del alma, donde Dios reside y que Jesús actualiza. Jesús dijo otras muchas cosas: «Que el más grande de entre vosotros sea como el que le sirve».[34]

Y lavó los pies a los apóstoles, lo que representaba la acción más humilde a la que un judío podía someterse.

El cristianismo naciente fue durante cuatro siglos un modelo de fraternidad en un mundo cruel. Los Padres del desierto pusieron por delante la experiencia viviente en el Cristo de la vida eterna, que superaba sobradamente todas las formulaciones conceptuales: «Os anunciamos la vida eterna cerca del Padre, que nos ha sido anunciada. Aquello que nosotros hemos visto y oído os lo anunciamos, a vosotros también, a fin de que también vosotros os mantengáis en comunión con nosotros».[35] Se trataba de no limitarse a una creencia correcta pero externa, expresada mediante una buena conducta moral, sino también de entrar plenamente en la vida de esperanza y de amor consumado por la unión con el Dios invisible «en Cristo y en Espíritu», para tomar así plenamente parte en la Naturaleza divina. Entre los Padres, el sentimiento era muy fuerte, profundamente vivido y experimentado, con respecto a ese vínculo entre el corazón del hombre y la trascendencia divina: «Dios ha dado a la tierra el soplo que la alimenta —dijo Teófilo de Antioquía—. Es su aliento el que da vida a todas las cosas. Este soplo vibra en el tuyo, en tu voz. ¡Es el soplo de Dios que tú respiras y no lo sabes!».[36]

---

33. Lucas, XVIII, 27, *La Bible de Jérusalem*, Éditions du Cerf, 2003.
34. Lucas, XXII, 26, *La Bible de Jérusalem*, Éditions du Cerf, 2003.
35. Juan, Primera Epístola, I, 2-3, *La Bible de Jérusalem*, Éditions du Cerf, 2003.
36. *Encyclopédie des religions,* Bayard, 1997.

San Pablo, por su parte, declaró: «¿No sabéis que sois el templo de Dios y que el espíritu de Dios habita en vosotros? ¿No os dais cuenta de que Jesucristo habita en vosotros? La Ley no fue escrita sobre las tablas de piedra, sino sobre las tablas de sentimiento que son nuestros corazones».[37]

Para descubrir en ellos esta presencia divina, los Padres practicaron la meditación silenciosa, la oración de Jesús, la oración... San Juan Crisóstomo escribió: «Cuando es necesario tranquilizar los propios pensamientos..., dejar la mente vacía y libre, es fundamental clarificar el ánimo como el agua calma. Entonces se presenta como un lago tranquilo en cuya superficie se refleja el cielo, donde se representa el rostro de Cristo y, por eso mismo, el verdadero rostro del prójimo. De la misma manera que un hombre no puede ver su rostro en las aguas agitadas, tampoco el alma, si no carece de pensamientos extraños, puede reflejar a Dios en la contemplación».[38]

Este esfuerzo de purificación exige una relajación interior lograda mediante la unidad del cuerpo y del espíritu, y el silencio de las pasiones, en especial la codicia y la agresividad: «He visto a algunos que parecían mantener la calma... —escribe Juan Clímaco— pero que, bajo la apariencia del silencio, alimentaban en ellos el resentimiento. A estos los tengo por más miserables que aquellos que estallan. Su carácter sombrío pone en fuga a la paloma del Espíritu Santo».[39]

Al decir Dios *Padre*, Cristo acerca a Dios a los hombres, pero no mediante una relación infantil. Esta apelación se refiere a Dios como fuente de vida y amor, y hace a todos los hombres hermanos. En los textos de los Padres, el espíritu que une al Padre con el Hijo aparece como la energía divina. «Por su misteriosa divinidad, Dios es Padre —escribe San Clemente de Alejandría—, pero la ternura que nos aporta lo hace convertirse en Madre. El Padre se feminiza por amor».[40] El misterio divino está más allá de lo masculino y lo femenino, e

---

37. Pablo, I Corintios, III, 16, *Encyclopédie des religions,* Bayard, 1997.
38. San Juan Crisóstomo, *Œuvres complètes,* Desclée de Brouwer, 1963.
39. Juan Clímaco, *Œuvres complètes,* Desclée de Brouwer, 1965.
40. San Clemente de Alejandría, *Œuvres complètes,* Desclée de Brouwer, 1967.

integra a la vez el simbolismo del uno y el otro. La Biblia testimonia en diferentes pasajes la ternura maternal de Dios; nos habla de sus entrañas de misericordia, *rahamin*, en el sentido uterino (*rehem*, «regazo materno»).

Conviene precisar que el «soplo de Dios», *ruach Adonaï,* es femenino en hebreo.

Los Padres fundadores estuvieron lejos de afirmar, como lo hizo más tarde una parte de la Iglesia institucional, que «fuera de la Iglesia no hay salvación». Es necesario citar a San Ireneo de Lyon, cuyas palabras anunciaron las de San Agustín, cuando dijo que Cristo siempre ha estado presente en la humanidad en cualquier momento de su historia: «Cristo no se hizo hombre sólo para aquellos que, a partir del emperador Tiberio, creyeron en él, y el Padre no ejerció su Providencia en favor únicamente de aquellos que viven ahora, sino por todos los hombres sin excepción».[41] Y Orígenes añadió: «El verbo se hizo hombre, se encarnó en Jesucristo, pero antes de su venida para hacerse carne, ya era, sin ser hombre, el mediador de los humanos».[42]

Igual que Cristo, los Padres pusieron su acento en el amor fraternal basado en el amor a Dios. Este amor a los otros entraña la no-violencia.

Dionisio *el Areopagita*, reputado teólogo místico del siglo v, fue el autor cristiano más apreciado de la Edad Media, ampliamente citado por Santo Tomás de Aquino, quien, a través de la síntesis platónica y cristiana, alimentó a teólogos y místicos: la realidad absoluta se encuentra más allá tanto de la negación como de la afirmación, es decir, más allá del funcionamiento dual de la mente. La vía de ascensión apofática, en la que se libera gradualmente de la influencia de todo lo que es común, es comparada por Dionisio *el Areopagita* con la ascensión de Moisés al monte Sinaí para el encuentro con Dios. Traspasando el mundo en el que es visto y en el que ve, Moisés penetró en la mística de lo desconocido: es ahí donde escapó por com-

---

41. San Ireneo de Lyon, *Œuvres complètes*, Desclée de Brouwer, 1960.
42. Orígenes, *Œuvres complètes*, Éditions du Cerf, 1962.

pleto a cualquier retiro y a toda visión; pertenecía por completo a Él, que está más allá de todo porque no se pertenece ni a sí mismo ni a nada ajeno, unido por lo mejor de sí mismo a Él, que escapa a todo conocimiento, tras renunciar a todo saber positivo, y gracias a este desconocimiento, llegando a conocer incluso más allá de toda inteligencia.

Para escuchar a Dios, es necesario estar centrado en uno mismo, porque el Señor se encuentra en el plano más íntimo de nosotros mismos. Esta presencia no se sitúa en las potencias del alma (inteligencia, memoria, voluntad), sino en el centro del espíritu. Se descubre entonces la verdad de San Agustín: «Estabas más dentro de mí mismo que yo mismo», es decir, más adentro de mi interior más íntimo y elevado. El espíritu descubre a Dios presente en él, como el más allá de sí mismo. «Te buscaba fuera y estabas dentro»[43] —dijo San Agustín—. «Comprendo y sé por experiencia que el reino de Dios está dentro de nosotros»[44] —decía, por su parte, Santa Teresa de Lisieux—.

Cristo nos aporta el mundo de la interioridad, de aquello que Dios nos da, el misterio de su Presencia que no es perceptible más que en el silencio. Porque el silencio se muestra disponible a la presencia divina. San Juan de la Cruz decía que la necesidad más imperiosa que tenemos al avanzar es guardar silencio cerca de Él, donde el único lenguaje es el silencioso amor.

Se trata de la vía purgativa de los místicos, que ensalzaba la nada. Para ir hacia el Dios absoluto, sin parangón posible con el creado, los conocimientos diferenciadores, las operaciones sensoriales, la voluntad, la memoria y, con mayor motivo, las pasiones deben aniquilarse. Es necesario entrar metafóricamente en la «noche», símbolo de la completa desnudez.

La vía apofática no es una conquista ni una adquisición, sino un abrirse, un ofrecimiento liberador. Según Juan Casiano (360-435),

---

43. San Agustín, *Œuvres complètes*, Éditions du Cerf, 1969.
44. Santa Teresa de Lisieux, *Œuvres complètes*, Éditions du Cerf, 1971.

el cristiano se esfuerza para conquistar la pureza de su corazón a fin de llegar a la oración continuada, al contacto permanente con Dios, que es a la vez la contemplación y la unión. Por encima de la oración común está la oración de fuego, «que pocos conocen por haberla experimentado», una oración infalible «que supera todo sentimiento humano», silenciosa, don de Dios, que viene provocada «por la infusión de la luz celeste».[45]

En la práctica de la oración, se considera que esta se asemeja a la oración contemplativa. La palabra *oración* procede del latín *orare*, que quiere decir «rezar». La oración es una contemplación de la presencia del Señor, más allá de los conceptos intelectuales; es un cara a cara en el que uno se abandona bajo su divina mirada, su dulce compañía. En ese instante de íntima comunión, no hay nada que no sea plenitud sin palabras, sin agitación, similar a la superficie tranquila de un lago donde Dios se refleja hasta el infinito. Cuanto más cerca se está de esta eternidad de Dios, más parece que el tiempo se acorte, se petrifique, se detenga.

Para la práctica de la oración, Santa Teresa de Jesús recomendaba adoptar una posición que predispusiera a la tranquilidad de espíritu. «Ponerse de rodillas sobre una alfombra —decía Daniel Maurin— o sentarse sobre los talones; después uno se postra hacia delante y deja bajar el cuerpo de manera que la frente vaya a tocar el suelo sobre las manos, que se mantienen juntas. Esta es la oración del cuerpo, que guía a su vez nuestras facultades más interiores. Así, estamos abandonados en una receptividad total al "descenso de la gracia", al igual que un lago de montaña recibe las aguas de las cimas. La posición alargada tendidos sobre la espalda también puede ser adecuada si no nos induce al sueño: San Ignacio de Loyola la recomendaba. Es ideal para los enfermos encamados que sólo pueden levantar un poco la cabeza sobre la almohada. Podemos igualmente cambiar de postura durante la oración, siguiendo la inspiración del momento».[46]

---

45. Juan Casiano, *Œuvres complètes,* Éditions du Cerf, 1960.
46. Daniel Maurin, *L'oraison du cœur, un chemin vers Dieu,* Éditions Saint-Paul, 1993.

También es posible sentarse en una silla con la espalda erguida y los hombros relajados, dejando que los pensamientos fluyan sin quedarse en ellos y sin rechazarlos, y llevando a la vez la respiración hasta el estómago. Los ojos semicerrados no miran nada en concreto o se detienen en una imagen piadosa de la cristiandad, como, por ejemplo, un icono. Esta meditación comienza por citar un nombre divino, una especie de mantra cristiano, a fin de permitir a nuestro espíritu concentrar su fuerza en esta invocación. Estos son algunos ejemplos: «Dios mío», «Dios mío y mi Todo» (San Francisco de Asís), «Señor mío y Dios mío», «Gracias, Dios mío», «*Dominun*», «*Deo gratias*», «Padre», «*Pater noster*», «*Abba*», «Espíritu Santo», «*Veni Sancte Spiritus*», «Jesús», «Jesús, Señor», «Jesucristo», «Dulce Jesús», «*Jesu Christe*», «*Jesum Christum*», «Jesús-María», «Jesús y María».

La invocación del nombre divino no es una repetición mecánica, sino una forma tranquila de recitar en la fe del amor, que desaparecerá a continuación en el silencio de la Presencia, en la meditación purificada de todo pensamiento. En ese instante ya no queda nada que no sea la serenidad del instante presente, la presencia del Bienamado. En esta fase, ya casi no hay que hacer nada propiamente, es el Espíritu Santo quien reza en nosotros. La Presencia divina se extiende por nuestro corazón como una mancha de aceite. Nuestras facultades se ven absorbidas por el encanto de una Presencia silenciosa. Los pensamientos se desvanecen. Según Santa Teresa de Jesús, «la oración silenciosa no es más que una amistad íntima, una entrevista frecuente, cara a cara, con Aquel por el que nos sentimos amados».[47] La solución no es combatir los pensamientos, sino volver suavemente la atención hacia el nombre divino. El verdadero silencio se encuentra en la profundidad de la Presencia, allí donde no aflora ningún pensamiento, donde cesa el ruido interior.

Marthe Robin exhortaba a los cristianos a practicar la oración.

«Hay cristianos que comulgan todos los días y que se mantienen en estado de pecado mortal, cristianos que dan generosas limosnas y que

---

47. Santa Teresa de Jesús, *Œuvres complètes*, Aubier, 1946.

se mantienen en estado de pecado mortal, cristianos que se mortifican de todas las maneras posibles y que se mantienen en estado de pecado mortal; sin embargo, no se encuentra nunca un alma que practique la oración todos los días y que permanezca en pecado… La comunión frecuente es un consejo, la oración es un precepto divino».[48]

Su Santidad el papa Juan Pablo II insistía también en la importancia de la práctica de la oración: «Más personas de las que creemos serían capaces de rezar, pero nadie les ha enseñado. Es entonces cuando, sin esa interioridad, los bautizados pierden la inspiración, su acción se convierte en un cimbalillo sonoro e incluso su práctica religiosa, si existe, se va secando».[49]

La oración nos permite descubrir un nivel de nuestro espíritu en el que todo está sosegado, donde todo se apacigua en la serenidad de un amor compartido que se da sin pedir nada a cambio. Santa Isabel de la Trinidad describía el momento en el que se produce este feliz encuentro divino:

«Es verdaderamente hacia la "soledad a donde Dios quiere atraer al alma para hablarle", como decía el profeta. Sin embargo, para oír esa palabra tan misteriosa no hay que detenerse, por así decirlo, en la superficie, es necesario adentrarse más en el ser divino mediante el recogimiento. "Yo continúo mi camino", exclamaba San Pablo; así debemos descender cada día el sendero del Abismo que es Dios; dejémonos deslizar por esta pendiente con una confianza llena de amor. Un abismo llama a otro abismo. Es allí, en el fondo, donde se producirá el choque divino, donde el abismo de nuestra nada, de nuestra miseria, se encontrará frente a frente con el Abismo de la misericordia, de la inmensidad del Dios absoluto, allí donde encontraremos la fuerza para morir en nosotros mismos y donde, perdiendo nuestras propias huellas, seremos transformados en amor… Bienaventurados los que mueren en el Señor».[50]

---

48. Daniel Maurin, *op. cit.*
49. Daniel Maurin, *Sept leçons sur l'oraison du cœur*, Éditions Médiaspaul, 1998.
50. Santa Isabel de la Trinidad, *J'ai trouvé Dieu*, Éditions du Cerf, 1980.

Por su parte, André Gozier, monje benedictino, destacaba que «una vez establecidos en el Uno, lo estaremos eternamente…; superando la relación trinitaria, podremos llegar hasta la *Deidad* (corazón de la Santísima Trinidad), y allí avanzaremos cada vez más lejos en ese desierto salvaje que es el Uno… No se trata ya de un diálogo (conversación con Dios en la que uno se siente amado), de una circunstancia fortuita que de repente provoca la chispa ("Dios existe, yo lo he encontrado"), sino de permanecer en él, de una vuelta a lo esencial, al centro en el que vive Dios».[51]

El Dios absoluto se manifiesta cuando uno se ha vaciado del falso yo, de los egoísmos y de la pobreza de espíritu, para acoger el mundo total. «El agua celeste de la oración nos purifica de nuestros pecados»[52] —decía Santa Teresa de Jesús—. Se redescubre el sentido de la virtud. La oración no consiste en una conquista encarnizada, como si se tratara de una competición, sino de un «dejarse ir». En lugar de responder a nuestros deseos personales limitados, uno se sitúa en la corriente de la energía divina. Este abandonarse en las manos divinas purifica nuestro ser, liberado en adelante del orgullo, de la cólera, del miedo, del egoísmo… Las cualidades del corazón emergen, como el amor, la compasión, la alegría altruista, la humildad, la serenidad, la paz interior…

«A medida que nuestro diamante interior reluce más tiempo —escribió Daniel Maurin— nuestro cuerpo continúa esta misma transformación y se libera cada vez más de sus tensiones, de sus "barreras", evacua sus impurezas, lo que se manifiesta a veces por sensaciones un poco penosas, que sobrevienen especialmente en los plexos, donde se acumula el estrés. A veces se pueden derivar movimientos involuntarios provocados por la relajación de una tensión muscular profunda. También pueden aparecer náuseas, pesadez en la cabeza, sensación de fatiga repentina… Es muy importante comprender que estos fenómenos no son provocados por una nueva patología, sino

---

51. Dom André Gozier, *Prier quinze jours avec Maître Eckhart*, Éditions Nouvelle Cité, 2000.
52. Santa Teresa de Jesús, *Œuvres complètes*, Aubier, 1946.

por el "trabajo" de curación operado por el Señor en todos los niveles de nuestro ser...».[53]

El estado de beatitud de la oración es un don del Señor. Esta transfiguración se cumple de una manera progresiva, haciendo caer los ídolos, los afectos, los egoísmos y las heridas. La oración es una retirada momentánea de la actividad para lograr un renacimiento en Dios. «Acogiendo en lo más íntimo de nuestro ser la divina Presencia, nos convertimos en el humilde pesebre donde el Niño puede nacer, invitándonos a renacer con él en la vida divina»[54] —añade Daniel Maurin—. La oración nos lleva a una comunión de persona a Persona, que nos conduce a una incorporación de Cristo siguiendo las palabras de San Pablo: «Yo vivo, pero no soy yo el que vive, sino Cristo el que vive en mí».[55]

Según San Gregorio de Nyssa, el fin de la vida espiritual es permitir al alma recobrar su verdadera naturaleza, a través de la limpieza que significa la oración, es decir, la purificación de todo lo que pueda resultar extraño y pesado. La naturaleza profunda del alma es ser la imagen de Dios. El alma debe participar en la vida divina mediante un movimiento sin fin, por el hecho de que Dios es infinito. Así es la «deificación», que resulta una obra de gracia con la cooperación de la libertad humana. Cada etapa de esta unión supone, mediante la oración, una renuncia y una superación; una purificación y una mayor comunicación de los dones divinos por Cristo. Es necesario que el alma se aleje de la tierra, de todo aquello ligado al pecado, a fin de que renuncie a su falso yo, para recibir a Dios.

En las etapas que el alma debe recorrer, San Gregorio de Nyssa insistía primero en la vía purgativa, que corresponde a la renuncia a las pasiones. Más allá se encuentra la travesía del desierto, donde el alma se ve sostenida por el favor de Dios, un auxilio de la gracia que representa un valor y una fuerza. La montaña del Sinaí que Moisés ascendió ilustra el grado superior de la contemplación, que conduce

---
53. Daniel Maurin, *L'Oraison du cœur*, Éditions Médiaspaul, 1998.
54. Ibídem.
55. Pablo, Gálatas, II, 20, *Encyclopédie des religions*, Bayard, 1997.

a una nueva purificación. Es necesario renunciar a la vida sensible, a las sensaciones y a las imágenes, porque estas purificaciones son la señal de nuevos dones de Dios.

Dionisio *el Areopagita* presentaba tres etapas en la vida mística de la oración: la purificación, la iluminación y la unión. Su teología mística reposa sobre el conocimiento de Dios desde el propio desconocimiento, el encuentro con Dios más allá de todo lo que se puede humanamente definir. Para llegar hasta ello, el razonamiento es un esfuerzo vano: no puede conseguirse más que durante la noche de la fe, a la luz del amor. «La vida de Dios participada por el hombre y que es caridad, una vez eliminado todo lo que no lo es, permite entrar en comunión en el éxtasis».[56]

Para San Agustín, la perfección del amor a través de la oración es alcanzada gradualmente. Marcaba los grados y distinguía a grandes rasgos cuatro etapas: «La del temor es el punto de partida, el momento en el que el alma se libera y purifica del pecado, es el primer don del Espíritu Santo; después viene el ejercicio efectivo de las virtudes morales, que corresponde a los dones de la piedad, la fuerza, la ciencia y el consejo; a continuación llega el tiempo de la iluminación por el don de la inteligencia, que manifiesta la fe y permite una purificación más profunda por el desprendimiento; la cuarta etapa se desarrolla bajo el signo de la sabiduría, es el estado de perfección en el que se desarrolla el amor puro, la paz interior y una especie de goce anticipado de Dios a través de la caridad».[57]

San Francisco de Asís exponía la visión del Hombre Dios, que, por Jesucristo, se abre a la belleza de la redención. Presenta el mundo como una fraternidad alegre en el «Dios de la humanidad redimida por Cristo, en armonía con el universo de la primera Creación: el sufrimiento tiene su espacio, dado que Cristo ha elegido esta vía, pero es transfigurado por la esperanza que da y de la que brota una alegría y un optimismo irrefrenables».[58]

---

56. Dionisio *el Areopagita*, *Œuvres complètes*, Aubier, 1954.
57. San Agustín, *Œuvres complètes*, Éditions du Cerf, 1969.
58. Guy-Marie Oury, *Histoire de la spiritualité catholique*, Éditions CLD, 1993.

JESÚS, LA MÍSTICA JUDEOCRISTIANA Y LOS ESENIOS

Santa Catalina de Siena insistía en el conocimiento de sí y en el conocimiento de Dios, y en la relación del uno con el otro. Su asociación asegura el equilibrio en la vida espiritual, porque «sin el conocimiento de sí mismo, el hombre se convertiría en presuntuoso; sin el conocimiento de Dios, se abandonaría al desánimo».[59]

En *Le nuage d'inconnaissance*, texto de un cartujo inglés del siglo XIV, se proponía una aproximación directa a Dios a través del olvido y una superación de todas las criaturas. El ruego contemplativo de la oración es un «dulce aviso de amor» que no comporta ni representación de la imaginación ni pensamiento conceptual. El autor es un partidario de la oración monologuista, una sola palabra, verdadero mantra. Vuelve a varias repeticiones: «Si te conviene tener este impulso como recogido y empaquetado en una sola palabra a fin de retenerlo más firmemente, entonces que sea una palabra sencilla y de muy pocas sílabas, porque lo más corto se adapta mejor a la obra del Espíritu Santo. Semejante palabra permanece como la palabra *Dios* o incluso la palabra *Amor*. Elige la que quieras, cualquiera que te guste, mejor que sea de pocas sílabas. Y retenla fuerte en tu corazón, que jamás se separe pase lo que pase».[60]

En la obra *Castillo interior*, Santa Teresa de Jesús desarrolló la vida espiritual desde sus comienzos hasta la cima, en la unión transformadora. Presentaba el alma como un castillo, con muchas estancias, que denominaba *moradas* porque en ellas se habita algún tiempo. La primera reposa sobre las bases de la vida espiritual: el conocimiento de uno mismo y la humildad. En la segunda morada, el alma entra en la oración vocal, y después viene la meditación y el recogimiento, que forman la tercera morada. En la cuarta aparece el primer estadio de la oración mística, la oración de quietud en el curso de la cual Dios mismo colma el alma con su paz profunda, sin que sea ella la que tiene que hacer el trayecto como en el estadio anterior. «La quinta estancia —explica Dom Guy-Marie Oury— es la plegaria de la

---

59. Ibídem.
60. *Le nuage d'inconnaissance*, Le Seuil, 1997.

unión; supone una muerte completa del mundo, un adormecimiento de las facultades y de los sentidos. Más allá, la sexta estancia es el noviazgo místico en el que la oración es extática: cesa cualquier actividad humana, pero el alma debe experimentar grandes sufrimientos que espolean su deseo de Dios y obran en ella una herida de amor».[61]

Dios la prepara así para el estadio final, el casamiento místico, que se celebra en la séptima morada, donde las tres Personas divinas (Padre, Hijo y Espíritu Santo) se comunican con el alma. El estado es estable, definitivo; el alma ya no abandona al Dios presente en ella; los movimientos interiores dejan sitio a una paz profunda habitada en su centro por el alma. Este estado prepara directamente para una visión beatífica.

Esta vía mística entronca también con la oración metafísica del dominico Eckhart de Hochheim, más conocido como *Meister Eckhart*, que ejerció su actividad en el siglo XIII entre Erfurt (Alemania), Colonia, París y Estrasburgo. Fue el principal representante de la corriente espiritual renano-flamenca. Centró su mensaje en lo esencial: «Dios viene a habitar en nosotros».

«Las personas me dicen a menudo —escribía Eckhart—: ¡reza por mí! Entonces yo pienso: ¿por qué os marcháis?, ¿por qué no permanecéis en vosotros mismos y no lo hacéis en vuestro propio bien? Lleváis toda la verdad esencialmente en vosotros».[62]

Cristo nos aporta el mundo de la interioridad, de aquello que Dios nos da, el misterio de su presencia, que no es perceptible más que por la práctica de la oración. Porque la oración dispone para la presencia divina. Para Meister Eckhart, hay dos «yoes» en nosotros. Se trata de abandonar el pequeño yo egoísta para recibir el gran yo, el yo crístico: «Debes abandonarte a ti mismo, y completamente, entonces se tratará de un verdadero abandono. Un hombre vino a verme hace poco tiempo y me dijo que había abandonado sus gran-

---

61. Guy-Marie Oury, *op. cit.*
62. Meister Eckhart, *Œuvres complètes*, Éditions Aubier, 1943.

des posesiones, tierras y bienes, para salvar su alma. Entonces yo pensé: ¡Qué pocas cosas has abandonado, y qué insignificantes son! Es un acto de ceguera y de locura todo el tiempo que pasas considerando lo que has abandonado. Sólo has abandonado realmente si te has abandonado a ti mismo».[63]

Meister Eckhart nos invitaba a adentrarnos en el desierto y perdernos en él. Pero este desierto del espíritu virgen, sin imágenes, libre de todo y sobre todo de sí mismo, conduce a otro desierto, el de la *Deidad*, el corazón de la Santísima Trinidad, es decir, la unidad con el Absoluto. Con la expresión «Dios es no ser», Eckhart no pretendía, evidentemente, formular una declaración de ateísmo, sino, al contrario, exaltar hasta lo más sublime el ser de Dios. «Está tan por encima del ser —remarcaba Dom André Gozier— que todo lo que se puede decir es tan poco que nos devuelve al no-ser, a la nada, es decir, más allá de nuestras categorías intelectuales, a aquello de lo que no podemos decir nada. Es una nada de trascendencia y no una nada por defecto».[64] Sobre esta cuestión, Eckhart tuvo la preocupación de precisar: «Cuando digo que Dios no es un ser y que está por encima del ser, no le he negado el ser; al contrario, le he atribuido un ser más elevado».[65]

La *Deidad* era para Eckhart la esencia divina, situada por encima de cualquier determinación. No se puede decir nada de ella, sino que es pura unidad. El alma, que ha hecho su recorrido, ha vuelto a Dios a través del Hijo único. Ella se une al Uno: «En la pura *Deidad* no hay ninguna actividad; además, el alma no alcanza la beatitud perfecta más que adentrándose en el desierto de la *Deidad*, allí donde no hay tampoco ni operaciones ni formas, para sumergirse y perderse en ese desierto».[66]

La oración de Meister Eckhart es pura, limpia de cualquier pensamiento malvado o distraído, pero también de cualquier pensamiento discursivo. Esta unión con el Absoluto, por la práctica de la

---

63. Meister Eckhart, *Du miracle de l'âme,* Éditions Calmann-Lévy, 1996.
64. Dom André Gozier, *op. cit.*
65. Meister Eckhart, *Œuvres complètes*, Éditions Aubier, 1943.
66. Ibídem.

oración, reposa en la humildad y en la desnudez del espíritu. El alma será virgen, es decir, vacía, pura receptividad, porque la imagen aporta una determinación, es decir, un límite, mientras que el silencio unifica: «Cuando todas las imágenes del alma son alejadas y esta contempla solamente al único Uno, el ser desnudo del alma reencuentra al ser desnudo sin forma de la Unidad divina, que es el ser esencial que reposa impasible en sí mismo. ¡Oh, maravilla de maravillas! ¡Qué noble sufrimiento es eso de que el ser del alma no pueda sufrir nada más que la única y pura unidad de Dios!».[67]

La misión del Espíritu Santo es conducir el alma al Uno. El alma no está sola, sino que será ayudada en esa realización del amor de Dios: «Debes amarlo en tanto que es unidad pura y clara, ajena a toda dualidad; es en esta unidad en la que debemos sumergirnos eternamente».[68]

Según el pensamiento de Meister Eckhart, el epicentro del hombre es Dios. Su núcleo central es Dios. También Este se despierta en el hombre. La ascensión de Cristo se opera en el creyente. Él sube desde lo más profundo de su corazón hacia las zonas periféricas de su ser, al horizonte de la conciencia del creyente. Desde esa perspectiva, hay una progresión en el Despertar. «Me falta convertirme en Él y Él convertirse en mí. Yo diré: Dios debe convertirse totalmente en mí y yo convertirme totalmente en Dios, tan completamente convertido en uno que este "Él" y este "Yo" se convierten y son un "es" y ellos realizan una obra única».[69]

San Pablo les decía a los corintios: «El que se une al Señor no forma más que un solo espíritu con Él». Uno con Uno, es la unidad de nuestro ser, de nuestra vida unida lo más estrechamente posible a la Unidad divina. Se trata de un segundo nacimiento.

Santa Teresa de Lisieux proponía una lectura del misterio de la Redención. Ella obtuvo el permiso para ofrecerse «como víctima en

---

67. Ibídem.
68. Ibídem.
69. Ibídem.

el holocausto del amor misericordioso»; en este acto de ofrenda hay dos niveles de oración: el primero es el de ofrecerse al Amor herido para consolarlo del rechazo de los pecadores y sobre todo de aquellos que no creen; el segundo es el de comunicar al cáliz el dolor del Amor ante este rechazo. Nos encontramos en el centro de los secretos sobrenaturales de la vida mística. Dependen ampliamente de lo inefable y de lo indecible.

Traslademos nuestra atención a uno de los grandes místicos cristianos, como fue San Francisco de Asís. Nacido en Asís en 1182, Francisco era hijo de Pietro di Bernardone, un rico comerciante de telas, y de Donna Pica, una provenzal, piadosa y discreta. Alma sensible y ardiente, Francisco ya soñaba siendo adolescente con hazañas caballerescas y parecía poco interesado en el negocio familiar. Por ello se alistó para participar en una guerra que había estallado entre Asís y Perugia para defender a su ciudad natal. Cayó prisionero y permaneció un año en cautividad (1202-1203). Su buen estado de ánimo permaneció intacto, a pesar de la derrota. En 1205 fue a combatir a Apulia con las tropas pontificias contra el emperador de Alemania; pero en un sueño una voz le aconsejó volver a Asís, donde se dedicó cada vez más a la oración y a la limosna. Después aspiró a llevar una vida religiosa fiel al espíritu de amor y compasión que había leído en los Evangelios.

En 1206, después de algunas dramáticos desacuerdos con su padre, Francisco se dedicó por completo al servicio de Dios. Durante dos años llevó una vida de eremita, practicó la oración durante días enteros, y ayudó a los pobres y otros indigentes. En 1209, en la iglesia de Santa María de los Ángeles, comprendió realmente el sentido de su vocación de pobreza y de apostolado al leer el Evangelio de San Mateo:

«Bienaventurados los pobres de corazón porque suyo es el reino de los cielos.

»Bienaventurados los bondadosos porque verán la tierra prometida.

»Bienaventurados los que lloran porque serán consolados».

»Bienaventurados los que tienen hambre y sed de justicia porque serán serenados.

»Bienaventurados los misericordiosos porque obtendrán misericordia.

»Bienaventurados los limpios de corazón porque ellos verán a Dios.

»Bienaventurados los defensores de la paz porque serán llamados hijos de Dios.

»Bienaventurados los que son perseguidos por la justicia porque suyo será el reino de los cielos».[70]

En torno a él se formó un pequeño grupo de discípulos que en el año 1210 viajaron a Roma, donde el papa Inocencio III aprobó la regla de los Hermanos Menores, cuyo ideal franciscano era totalmente evangélico: limpieza de corazón, desapego de los bienes materiales y alegría en la paz. «La exquisita poesía de Francisco y su familiaridad con la naturaleza le añadían un acento especial, el más humano que se pueda esperar de un santo»[71] —escribió Pierre Pierrard—. En primer lugar sitúa la práctica de la oración, que no cesa de vivificar el espíritu, mientras que la «letra» deseca el corazón.

Sabía que la verdadera naturaleza del espíritu, perfecta e inmaculada, estaba más allá del campo de las conceptualizaciones intelectuales, fuera del alcance de los nombres o de las convenciones del lenguaje. Para la práctica de la oración desarrolló un amor y una compasión que abarcaban a todas las criaturas del universo.

Enseñaba la ley del corazón, la eterna fragancia de la virtud, el sendero de la generosidad y el poder de la fe, de la satisfacción y de la alegría.

Invitaba a sus discípulos a dedicarse al conocimiento de la Verdad eterna, a despertar a lo que no muere. Sabía que la vida espiritual no era conquista y adquisición, sino renuncia, una renuncia liberadora.

---

70. Mateo, V, 3-10, *La Bible de Jérusalem*, Éditions du Cerf, 2003.
71. Pierre Pierrard, *Dictionnaire des saints*, Larousse, 1987.

Los primeros franciscanos se instalaron en los dominios de la Porciúncula, cerca de Santa María de los Ángeles, pero Francisco viajó por todo Occidente a fin de llevar la palabra de la fe, si bien mantuvo siempre una vida eremita.

En 1224, durante un retiro en el monte Alverno, Francisco recibió los estigmas de las llagas de Cristo. De vuelta a Asís, cayó gravemente enfermo y perdió poco a poco la vista, a consecuencia de una oftalmía contraída en Oriente. A pesar de las pruebas que debió superar, la alegría y la paz reinaron en su corazón. Esa paz alegre que resulta de la práctica de la oración no es un simple estado de quietud interior y no es tampoco un simple sentimiento de calma, a pesar de que el recogimiento pueda preparar su llegada. Esa paz alegre permanece en medio de la agitación más grande, de la angustia y del sufrimiento.

No se trata de una simple disposición psicológica, sino de una paz que nos invade más allá de las fluctuaciones del universo psicológico mental o emocional habitual.

En pleno periodo de sufrimiento físico Francisco compuso su *Cántico del hermano sol*. Murió durante la noche del 3 al 4 de octubre de 1226 en una cabaña de la Porciúncula. Fue canonizado en 1228.

«El santo de Asís —escribió Ivan Gobry— no intentó nunca realizar una obra didáctica; él vivió su alegría y su pasión día a día, sin analizar sus experiencias espirituales, sin volverse hacia sus estados del alma, sin intentar controlar el balance de los favores que recibía de Dios…

»Los biógrafos de San Francisco de Asís lo muestran abandonándose sin reservas a la menor llamada del Espíritu y desapareciendo así en la intimidad divina, fuera cual fuera el lugar y el momento… La vocación franciscana se mantuvo por ello como una vocación contemplativa, porque es en la oración donde el alma amorosa reencuentra a Dios; pero al mismo tiempo, para imitar a Cristo —que no se quedó junto a Magdalena, sino que también utilizó sus sandalias por los caminos de Palestina para curar a los leprosos y anunciar la Palabra— San Francisco de Asís orientó su amor de una manera efectiva hacia los hombres que Jesús había redimido».[72]

Francisco, mortificado y sufriente, mostró una alegría irradiante. Aquella alegría que Francisco practicó constantemente fue verdaderamente una virtud que se apoyaba en los cimientos sobrenaturales de la oración.

Fue de esta de la que habló Cristo cuando, después de la Cena, se dirigió a los apóstoles y dijo a su Padre: «Recibirán en ellos la plenitud de mi propia alegría».

Hesicasmo es el nombre que en la tradición cristiana ortodoxa recibe la oración. El hesicasmo (del griego *hesichya*, «paz», «silencio») es la tradición milenaria que nos enseña este «arte de artes» que es la meditación y la oración en el cristianismo, desde los Padres del desierto hasta nuestros días. Surgido de la espiritualidad apofática, el hesicasmo, presente en la Iglesia ortodoxa, halla su consagración en la filocalia, que literalmente quiere decir «amor a la belleza». La oración del corazón es el arte por el que uno se une a la última belleza, en la que los cuerpos o los rostros se ven reflejados. Orar es ir del reflejo a la Luz o volver de la Luz venerándola en su reflejos. La experiencia hesicasta afirma la trascendencia de Dios, así como su inminencia, su presencia en cada uno. La presencia del Espíritu se manifiesta por la humildad y su invitación a la vida divina. La humildad conduce al amor, que es lo propio del camino espiritual.

Los elementos esenciales del método hesicasto descansan en la tranquilidad, el silencio, la soledad, la respiración, el centro del corazón, la invocación del nombre divino y la repetición. «Permanece sentado en el silencio y en la soledad —recuerda el teólogo Jean-Yves Leloup—; inclina la cabeza, cierra los ojos, relaja la respiración, mira con la imaginación en tu corazón, pon en orden tu inteligencia, es decir, tu pensamiento, de la cabeza a tu corazón. Di en voz baja o mentalmente mientras respiras: "Señor Jesucristo, ten piedad de mí".

---

72. Yvan Gobry, *Saint François d'Assise*, Éditions du Seuil, 1984.

Esfuérzate en retener todos tus pensamientos, sé paciente y repite a menudo este ejercicio».[73]

El hesicasmo es un medio para llegar a la unión con Dios, a la oración permanente. Hace referencia ante todo a una vida de soledad, de silencio, de oración, de hombres y mujeres retirados al desierto para saborear la paz. Es en este medio donde se elaboran las técnicas de la oración y más especialmente la oración del corazón u oración de Jesús. Esta tradición espiritual ha tenido sus mejores centros en los primeros monasterios cristianos. A finales del siglo XVIII, la oración del corazón fue recuperada en los monasterios gracias a la *Philocalia*, un texto publicado en 1782 por un monje griego, Nicodemo *el Hagiorita*. Serafín de Sarov, Juan de Kronstadt, Teófano *el Recluso* e Ignacio Briantchaninov popularizaron también la práctica de esta plegaria.

La oración del corazón del hesicasmo y la oración litúrgica son dos vías diferentes que persiguen un mismo fin: la unión en el Dios de Jesucristo. Para alcanzar la oración del corazón, es necesario un nombre del Salvador que contenga un acto de fe en su calidad de Mesías, de Hijo de Dios, de Dios, es decir, un acto de adoración y una demanda de piedad, un acto de penitencia. La demanda de misericordia es el carácter esencial.

Juan Casiano recuerda que «la perfección del corazón consiste en una perseverancia ininterrumpida de la oración… Todo el edificio de las virtudes no tiene más que un fin, alcanzar la perfección en la oración, pero sin esa coronación que ensambla las diferentes partes de manera que se haga un todo que se mantenga, no tendrá ni solidez ni duración. Sin las virtudes, en efecto, ni se adquiere ni se consuma la constante tranquilidad de oración de la que hablamos, pero en cambio, las virtudes que le sirven de base no llegarán sin ella a su perfección».[74] La búsqueda de la oración perfecta hay que situarla en su contexto evangélico, porque se trata de obedecer en primer lugar los mandamientos del Salvador.

---

73. Jean-Yves Leloup, *Écrits sur l'hésychasme*, Albin Michel, 1990.
74. Juan Casiano, *Conférences*, Éditions du Cerf, 1958.

La experiencia mística del hesicasmo aporta una transformación por la gracia. El que participa en la energía divina se convierte él mismo en una especie de luz. «Está unido a la luz y, con la luz, ve en plena consciencia todo lo que se mantiene oculto a los que no disfrutan de esa gracia; así supera no solamente el sentido corporal, sino también todo lo que puede ser conocido por la inteligencia» —escribió Gregorio Palamas.

El cuerpo no representa un obstáculo en la experiencia mística. La depreciación integrista y maniquea de la naturaleza corporal es extraña a la mística cristiana. «No aplicamos el nombre de hombres por separado al alma o al cuerpo, sino a los dos conjuntamente, porque el hombre completo fue creado a imagen y semejanza de Dios»[75] —precisaba Gregorio Palamas—. El cuerpo debe ser espiritualizado, convertirse en «un cuerpo espiritual», según la expresión de San Pablo. La base silenciosa permite esta unión del cuerpo y del espíritu.

El mayor beneficio del hesicasmo es el paso de la acción al ser. Llega un momento en el que el hesicasta no reza más, sino que él mismo se convierte en oración. Esta se transforma en un hecho ininterrumpido de silencio, de paz y de comunión con Dios. Isaac de Nínive dio testimonio: «Me habitué también a la oración del corazón, que practicaba sin cesar, y al final, sentía que esta se hacía yo mismo, sin ninguna actividad por mi parte; brotaba en mi espíritu y en mi corazón no solamente en estado de vigilia, sino durante el sueño, y no se interrumpía ni un segundo».[76]

Sin la oración, todas las virtudes son como los árboles sin tierra. La oración es la tierra que permite crecer la virtud.

Para todos los místicos, el fruto de la oración es el amor; de hecho, sin la oración no se puede saber realmente qué es el amor. En el amor de Dios, nuestros enemigos se convierten en nuestros amigos, criaturas divinas.

---

75. Olivier Climent, *Les mystiques chrétiens des origens*, Éditions Stock, 1982.
76. Ibídem.

JESÚS, LA MÍSTICA JUDEOCRISTIANA Y LOS ESENIOS

La vida del *starets* Siluan, una de las más importantes figuras místicas de la Iglesia ortodoxa, dio testimonio de los beneficios del hesicasmo. Nacido en 1866, en Chovsk (Rusia central), en el seno de una familia de pobres campesinos, no asistió a la escuela más que dos inviernos.

Siluan se sintió atraído por la vida monástica. Su padre no se opuso, pero le exigió que cumpliese primero sus obligaciones militares en San Petersburgo. Sin embargo, su fervor místico duró tres meses y después se olvidó durante un tiempo. Joven, atractivo y fuerte, disfrutó de la vida profana, cortejó a las mujeres, se metió en peleas y estuvo a punto de matar a un aldeano. En definitiva, era una fuerza de la naturaleza capaz de comerse una tortilla de cincuenta huevos, beberse tres litros de vodka en una tarde y romper una plancha de un puñetazo.

Una vez cumplidas sus obligaciones militares, hizo una visita al padre Juan de Kronstad y recibió de nuevo la llamada de Dios. Se despidió de la familia y se fue al monte Athos, en Grecia. Tenía entonces veintiséis años y permaneció allí cuarenta y seis más, hasta su muerte, durante los que llevó la existencia de un sencillo monje, en el molino y después en el economato del monasterio de San Pandeleimonos (San Pantaleón), *Panteleimon* en ruso, también llamado *el Rusikón*.

Siluan debió luchar contra diversas tentaciones del demonio, que se alternaban con audiciones y visiones de la Virgen María y de Cristo, del que veía su rostro como en un chispazo insostenible.

Siluan, que había recibido los dones de la oración perpetua y las lágrimas, encontró la perfecta serenidad a partir de 1920. «Sumergido en el Espíritu Santo —escribe Jean Biès—, "que es amor", sus lloros hablaban de la nostalgia del cielo y su inmensa compasión hacia los hombres. Redactó sus textos, que heredó su discípulo Sophrony. Amado y respetado por sus hermanos, llevó el peso del dolor humano gracias a la luz de la deificación».[77]

---

77. Jean Biès, *Les grands initiés du XIX siècle*, Éditions Philippe Lebaud, 1998.

Sus enseñanzas conducían claramente a la purificación del alma, que no es otra cosa que la lucha contra las pasiones: vanidad, cólera, codicia, pensamientos impuros, pasionales y demoniacos, excluyendo toda vigilancia interior, y sobre todo, el orgullo, la raíz del mal, que separa al ser humano de Dios y le hace perder la gracia. Al igual que numerosos místicos, Siluan dio preferencia a la contemplación infusa del espíritu frente a las especulaciones intelectuales y a otras construcciones que quieren explicarlo todo y se basan únicamente en la razón discursiva: el reino del orgullo «espiritual». Fiel a la vía apofática de los Padres fundadores de la Iglesia, resaltó la experiencia viva de la unión real con la luz divina. La oración, el hesicasmo (paz y silencio), la oración del corazón y la proclamación del nombre de Dios purifican el alma y la llevan hacia la unión mística.

Para Siluan, el arrepentimiento borra los pecados, la humildad manifiesta el Espíritu Santo. Cristo y la Madre de Dios son la fuente de esta luz, hecha de simplicidad, de dulzura y de renuncia, con la que Dios se manifiesta. La mística se descubre solidaria con la humanidad, su corazón no tiene fronteras. Liberado de prejuicios, ama sin juzgar, manteniéndose lúcido y clarividente. Este amor universal exige darse por completo. No contento con practicar el arrepentimiento por sus propios pecados, Siluan lo extendió a los de toda la humanidad. Se entristecía por haber matado un insecto, arrancado para nada una hoja de un árbol. «El espíritu de Dios, escribió, nos enseña a amar a todos los seres vivos».[78]

Las lágrimas de la ternura eran para él un indicio de la comunión universal y de la unión entre los corazones, que servían para confirmar la extinción de toda la imaginación subjetiva, imagen y concepto. En su esencia, Dios trasciende todo nombre. La serenidad no se obtiene forzosamente en la reclusión en el desierto, sino donde uno se encuentre, y siempre en presencia del Señor. Es una serenidad que conduce a un conocimiento inmediato, a una certi-

---

78. Archimandrita Sophrony, *Starets Silouane, moine du mont Athos*, Éditions Présence, 1996.

dumbre interior en la contemplación de la Luz no creada, de la energía divina.

Vista en un estado de arrebato, al final del descenso hacia el abismo de la humildad que sitúa al hombre por debajo de todas las criaturas, la Luz divina no es conquistada mediante esfuerzos ascéticos, sino por la misericordia concedida por la gracia, ya que aquella no está incluida en la naturaleza creada del hombre. Por eso mismo, no puede ser descubierta por él.

La Luz no creada comunica al hombre la «impasibilidad» *(apatheïa)* de Dios. Esta impasibilidad no es ni insensibilidad estoica ni indiferencia cínica, es Vida y Amor de Dios en el hombre, porque Dios ama con piedad, se alegra y participa en la historia humana, pero sin que ello nunca degenere en movimientos pasionales. Esta impasibilidad es una ruta de compasión.

Ese fue el camino de felicidad seguido por el *starets* Siluan, icono viviente de la santa ortodoxia, fiel a la línea de los padres de Athos, del Sinaí, de Palestina y del desierto de Egipto. Murió el 24 de septiembre de 1938.

El *starets* Siluan nos ofreció en sus textos perlas de sabiduría: «Quien no ama a sus enemigos no saboreará la dulzura del Espíritu Santo. Es el propio Señor quien nos enseña a amar a nuestros enemigos, a sentir y a sufrir con ellos como si fueran nuestros propios hijos. Bienaventurado el que ama a todo el mundo. El que quiera llevar una vida de oración sin tener un guía y piensa, en su orgullo, que puede instruirse sólo en los libros sin dirigirse a un *starets* ya habrá medio sucumbido a la ilusión. Creer en Dios está bien, pero conocer a Dios, ¡esa es la bienaventuranza!».[79]

El padre John Main, monje benedictino del siglo XX, consagró su vida a la enseñanza y a la práctica de la oración. Además de la meditación de base silenciosa, próxima a la del zen, insistía en recitar un mantra. «Se encuentra el mantra —escribió— en la vieja costumbre judía que bendice al Señor en todo momento. También puede ser

---

79. *Encyclopédie des religions*, Bayard, 1997.

encontrado en la Iglesia cristiana de los primeros tiempos (por ejemplo, el padre nuestro, que esté compuesto de cortas expresiones muy cadenciosas en su lengua original, el arameo), así como en la tradición ortodoxa de la oración de Jesús, la misma que él recomendaba: "Dios mío, ¡ten piedad del pecador que soy!" (Lucas, XVIII, 13). La oración de Jesús tal como nos ha sido transmitida por el Evangelio nos conduce a conclusiones similares».[80]

San Mateo recuerda a este propósito que la enseñanza de Jesús era la sencillez en sí misma: «Y cuando reces no imites a los hipócritas... Retírate a tu habitación, cierra tras de ti la puerta y reza a tu Padre, que está allí, en secreto... En tus oraciones, no hagas como los paganos: estos se imaginan que por el simple hecho de hablar mucho serán mejor escuchados. No hagas como ellos, porque tu Padre sabe bien lo que necesitas antes de que se lo pidas».[81]

El padre John Main nos recordaba que, en el jardín de Getsemaní, Jesús rezó repitiendo las mismas palabras (Marcos, XIV, 39; Mateo, XXXVI, 44); y cuando se dirigió al padre en nombre de la muchedumbre, la palabra *Abba* estuvo constantemente en sus labios, la misma que, según San Pablo, describe el Espíritu de Jesús implorando sin cesar en nuestros corazones.

El autor de *Le nuage d'inconnaissance* aconsejaba «rezar no precisamente con nombres y numerosas palabras, sino con una de una breve sílaba. Fíjala bien firme a tu corazón para que nunca se escape, pase lo que pase. Esta palabra será tu escudo y tu espada... Y con ella vencerás de nuevo todas las batallas del pensamiento bajo la nube del olvido».[82]

Juan Casiano, que recibió la enseñanza del mantra de los hombres santos del desierto, estimaba que el origen de esta tradición se remontaba a los tiempos apostólicos. Escribió que la meditación por el mantra exigía la determinación de perseverar: «Nadie está privado de la pureza del corazón porque sea inculto; la ignorancia no consti-

---

80. John Main, *Un mot dans le silence, un mot pour méditer*, Éditions Le Tour, 1993.
81. Ibídem.
82. *Le nuage d'inconnaissance*, Le Seuil, 1997.

tuye un obstáculo, porque la pureza del corazón es accesible a todos aquellos que, por la repetición del mantra, mantienen su espíritu y su corazón atentos a Dios».[83]

El padre John Main recomendaba el mantra de la antigua oración aramea (la lengua de Jesús): «*Maranatha, maranatha* ("Ven, Señor; ven, Señor")». La recitación se hace en un estado de meditación, idéntico al practicado en la tradición budista de calma mental.

El padre Laurence Freeman, monje benedictino y discípulo del padre John Main, nos recuerda a través de las palabras de Jesús en la plegaria del Sermón de la montaña que la meditación es un medio para encontrarlo y seguirlo:

— Jesús dijo que la oración, las buenas obras, no deben ser meramente exteriores (Mateo, VI, 1-4). No se trata de parecer santo o suscitar la admiración de los demás, ni tampoco de sentirnos santo. Él dijo: «Que tu mano izquierda ignore lo que hace la derecha» (Mateo, VI, 3). Nuestra plegaria debe ser humilde y no centrada en nosotros mismos.

— La oración debe ser interior. Las personas que desean que su oración sea demasiado pública son hipócritas. Jesús nos dice que debemos ir a «nuestra habitación» (Mateo, VI, 6) y rezar en ese «lugar secreto». La palabra *secreto* quiere decir también «misterioso». Y la habitación es una metáfora que significa la estancia de nuestro propio corazón.

— En nuestra oración, debemos evitar pronunciar palabras (Mateo, VI, 7). Un número elevado de palabras no consiguen que Dios nos entienda mejor.

— El objetivo de la oración no es pedir cosas a Dios, porque Él ya conoce nuestras necesidades antes de que le hagamos nuestras peticiones (Mateo, VI, 8).

— Debemos buscar los tesoros espirituales del Reino antes que el bienestar material (Mateo, VI, 20).

---

83. Juan Casiano, *Œuvres complètes*, Éditions du Cerf, 1960.

— Debemos aprender a no inquietarnos por el futuro y a tener confianza en Dios (Mateo, VI, 25). La inquietud es el enemigo de la oración. Esta nos mantiene centrados en nosotros mismos y nos impide tomar conciencia del don que, desde ese momento, ha sido depositado con amor en nuestro corazón.
— Y, en último lugar, Jesús nos enseña que la oración consiste en primer lugar en fijar nuestro espíritu en el Reino de Dios (Mateo, VI, 33); en otras palabras, en estar atentos a lo que es esencial.

En la meditación, continúa el padre Laurence Freeman, ponemos en práctica las enseñanzas de Jesús sobre la oración: humildad, interioridad, silencio, confianza, espiritualidad, paz y atención.

«Un mantra ideal en este caso —escribe el padre Laurence Freeman— es *Maranatha* («Ven, Señor»), una antigua plegaria aramea. Recítala continuamente, apoyándote también y de forma clara en cada una de las sílabas. Repítela sin apresurarte y sin esperar que pase algo, sea lo que sea. Escucha el mantra con todo tu ser. Cuando se presenta una diferencia vuelve a tu mantra. El arameo era la lengua de Jesús, la misma a la que pertenecía la palabra *Abba. Maranatha* es la oración cristiana más antigua. San Pablo termina la carta a los corintios y San Juan el libro del Apocalipsis con esta palabra, que expresa la fe profunda y sencilla de los primeros cristianos. El significado y la resonancia de la palabra son dos elementos importantes. No obstante, al decir el mantra, no es necesario pensar en su significado. El mantra nos conduce más profundamente que nuestros pensamientos al corazón de nuestro ser. Nos conduce a través de la fe. Recitamos el mantra en la fe y en el amor».[84]

Michel Legault practica la meditación cristiana desde hace más de quince años. Dedica diariamente dos periodos de treinta minutos a meditar con la ayuda de una palabra plegaria (mantra). Esta forma de meditación disfruta de una larga tradición en la historia de la Iglesia, dado que los Padres del desierto ya aconsejaban a sus

---

84. Laurence Freeman, *La méditation, voie de lumière intérieure*, Éditions Le Tour, 1997.

discípulos que meditasen utilizando el menor número posible de palabras. El padre Thomas Merton, monje trapense, y el benedictino John Main interpelaron a los cristianos de Occidente proponiéndoles una vuelta a las fuentes.

«Puedo definir la meditación cristiana —explica Michel Legault— a partir de la tradición presentada por el padre John Main. Se trata de recitar una palabra plegaria anclada en la tradición cristiana. Recito esta palabra de principio a fin de la meditación y durante este periodo de tiempo no pienso en otra cosa. Ninguna imagen acude a mi pensamiento. No formulo oraciones de demanda ni de contrición. Se trata de una oración muy desértica donde uno encuentra al Divino, que es la fuente de la vida. La repetición de la palabra plegaria es el centro de esta forma de meditación (oración). Se produce la purificación de nuestro ser cuando se alcanza una buena disciplina y se practica esta meditación todos los días. También acontece entonces una purificación de nuestra espera espiritual y la fuente de la vida se enraíza en nosotros. Esta meditación se mantiene lejos de las palabras y de las ideas sobre Dios. La palabra *Maranatha* es una palabra de renuncia. Su utilización constante en la meditación nos acerca a la apertura al misterio de la vida y a la presencia divina en nosotros.

»Juan Casiano tuvo una gran influencia. Pasó varios años en el desierto de Egipto. Después se instaló en Marsella. Invitó a las comunidades de monjes y monjas que había fundado a orar respetando siempre el mismo versículo o la misma palabra. San Benito hizo referencia a ello en su regla monástica. Santo Tomás de Aquino también hizo alusión, lo mismo que San Juan de la Cruz y Santa Teresa de Jesús. En la Edad Media, Juan Casiano fue el maestro de la oración. Esta forma de oración se encuentra también en la Iglesia ortodoxa. Cuando meditamos de esa manera, no hablamos con Dios, escuchamos su palabra en nosotros. No lo buscamos, es Él el que nos ha encontrado».[85]

---

85. Entrevistas del autor con Michel Legault, abril de 2003.

¿Cuales son los frutos de la meditación cristiana (oración)? San Pablo los cita: «Amor, alegría, paz, paciencia, bienaventuranza, bondad, fidelidad, dulzura y dominio de sí mismo».[86] Se destaca que el Amor, «el último don de los frutos del espíritu», está situado por encima de todos los demás. Tras sus pasos encontramos una nueva alegría de vivir, incluso en los momentos de sufrimiento. La alegría es más profunda que el placer. Es descubierta en un gusto nuevo por las cosas sencillas y naturales de la vida. La paz es el don que Jesús nos ha dado por su Espíritu; es la energía de su propia y profunda armonía consigo mismo, con el Padre y con toda la creación. La paciencia es el remedio para nuestros arrebatos de irritabilidad e intolerancia, y para todos los procesos por los cuales intentamos controlar y poseer a los demás. La bienaventuranza es el don de tratar a los demás tal como deseamos que nos traten a nosotros. «La bondad no es "nuestra" —dice el padre Laurence Freeman—, pero somos esencialmente buenos. Nuestra naturaleza humana es divina porque somos creados por Dios y porque Dios vive en nosotros. La fidelidad es un don que nos llega a través de la disciplina diaria de la meditación y de la recitación del mantra. Para que cualquier relación sea completamente humana y llena de amor, es necesario profundizar en ella a través de la fidelidad. La dulzura es la práctica de la no-violencia tanto hacia los demás como hacia uno mismo. El dominio de sí mismo es imprescindible si queremos disfrutar de la vida en libertad del Espíritu. Este es el fruto del equilibrio de la meditación, el punto medio entre los extremos».[87]

La fuente de nuestro ser es también la fuente que nos cura y nos unifica. Estar unificado es ser santo. En la oración, somos santificados porque somos curados. Chantal Quillet distingue cuatro etapas en la oración: «La quietud constituye el primer grado, porque la visión de Dios que se manifiesta en ella todavía es susceptible de sufrir distracciones; sin embargo, el sentimiento de la presencia divina va

---

86. Gálatas, V, 22.
87. Entrevistas del autor con el padre Laurence Freeman, octubre de 2005.

siendo, poco a poco, más fuerte para «cautivar» la voluntad, que se consagra por completo a esta aprehensión amorosa de Dios, sin tener en cuenta la actividad de la memoria y de la imaginación. En esta forma de unión «plena», en respuesta al deseo purificado del alma, Dios se comunica desde entonces con su criatura dándose a conocer y abriéndole la vía del Espíritu mediante una "oración de gusto divino".

»La elección del gusto en el registro de las sensaciones evoca la percepción menos conceptualizable, dado que se produce una especie de simbiosis entre el objeto y el sujeto, de manera que el mismo término evoca a la vez el sentido que percibe y la cualidad del objeto percibido: "experimentar a Dios" significa que, en la unión transformadora, la exterioridad de la relación es abolida. Para Juan de la Cruz, el alma entra entonces en una forma de conocimiento participativo que percibe las perfecciones divinas por infusión y posee íntimamente sus misterios. En este "experimento de Dios" se asocian estrechamente el arrebato de unión debido al amor y el carácter inefable de un saber no racional».[88]

Otro gran místico de la cristiandad, Juan de la Cruz, vio la luz el 24 de junio de 1542, en Fontiveros, Ávila. Fue el tercer hijo de Gonzalo de Yepes, pobre tejedor de origen noble, y de Catalina Álvarez, de bajo origen social. Gonzalo se dedicó a la profesión de tejedor para poder casarse con Catalina, rompiendo así con su parentela aristocrática. Más tarde, cuando Gonzalo murió, su viuda intentó encontrar ayuda entre su familia y la de su marido, pero todas las puertas se le cerraron. El origen social del futuro santo fue pues el de los pequeños artesanos de humilde extracción. El padre de Juan murió en 1548 cuando este era todavía un niño, por lo que Catalina, su madre, tuvo que apañárselas sola para alimentar a sus hijos. Agotadas las posibilidades en Fontiveros, se dirigió a Arévalo y después a Medina del Campo, donde pudo vivir, aunque de una manera todavía más modesta.

---

88. Entrevistas del autor con Chantal Quillet, marzo de 2003.

Juan, al contrario que su padre, no manifestó demasiado entusiasmo por el trabajo manual. Su madre decidió, no obstante, ponerlo de aprendiz en casa de diferentes artesanos. Sin embargo, no consiguió establecerlo en ninguna de estas actividades (carpintero, sastre, escultor o pintor). Ávido de saber y de oraciones, fue admitido en un establecimiento religioso de las hermanas de la Doctrina. Allí destacó por su amabilidad, gentileza, disponibilidad y disposición al trabajo. Un hombre piadoso, Alonso Álvarez de Toledo, que vivía en un hospital, lo tomó a su servicio con el propósito de convertirlo en capellán de este establecimiento, lo que significaba para Juan un futuro seguro, honorable y tranquilo. De momento, mientras realizaba los estudios en el colegio de la compañía de Jesús, se dedicaría a las tareas más humildes con los enfermos. Encontró un pedagogo en la compañía del padre Bonifacio. Cuando en 1563 se le propuso convertirse en capellán del hospital, rechazó esta vía cómoda y prefirió entrar en el convento de Santa Ana de los Cármenes, en Medina del Campo, donde tomó el nombre de *Juan de San Matías*. Tenía entonces veinte años.

«Esta decisión —escribe Ivonne Pellé-Douël—, probablemente madurada durante años en silencio, manifestaba una sed de lo absoluto que sería el rasgo dominante de su vida».[89]

Desde su periodo de noviciado ya se vio a este joven monje tomarse al pie de la letra su vida religiosa, sin aceptar la menor relajación. Lo que buscaba con todas sus fuerzas era el silencio, la adoración, la unión con Dios y la entrega a la imagen de Cristo. Buscaba como propio el ideal de soledad y contemplación de los primeros eremitas, fundadores de la orden. No aceptaba el parloteo mundano de algunos religiosos, la acomodación al poder, esa tibieza indigna de aquellos que lo han dejado todo para acomodar su vida a la de Cristo. Este trabajo interior se fue cumpliendo lentamente en él, en esta alma prendada y devorada por un don total, tal como ocurrió con el alma de Santa Teresa de Jesús, hasta que los llevó a aquel encuentro decisivo.

---

89. Ivonne Pellé-Douël, *Saint Jean de la Croix et la nuit mystique*, Éditions du Seuil, 1971.

JESÚS, LA MÍSTICA JUDEOCRISTIANA Y LOS ESENIOS

En 1564, es enviado a Salamanca para realizar sus estudios de Filosofía y Teología con vistas a su sacerdocio. Permaneció allí hasta 1568, estudió los grandes místicos de la Iglesia, así como la poesía. Parece cierto que había leído *La suma teológica* de Santo Tomás de Aquino, y sobre todo *Teología mística* de Dionisio el *Areopagita*. Gracias a este autor halló la revelación de una evolución del alma hacia el Dios inefable por la negación de los conceptos, de las formulaciones y de las sensiblerías. El feliz descubrimiento de los textos de Dionisio *el Areopagita* le permitió comprender y explicar su decepción de la meditación ignaciana, que entonces era la practicada normalmente, y que juzgó demasiado cargada de imaginario y de representaciones. La oración contemplativa era para él diferente, serena y silenciosa, una vía espiritual en la que Dios actuaba él mismo en el alma. Leyó a San Agustín, Juan Casiano, San Buenaventura, San Gregorio *Magno*... Se da igualmente una analogía sorprendente entre San Juan de la Cruz y los místicos renanos, como Ruysbroek, Tauler y Meister Eckhart, así como con la mística musulmana de la tradición sufí, todavía viva en la España del siglo XVI.

La oración, tan querida a San Juan de la Cruz, es una invitación a descubrir en las profundidades de nuestro ser el Dios oculto que allí reside y que en ocasiones nos envía señales. Es un camino de unión a Dios que no requiere ningún conocimiento o aptitud especial, y que interpela tanto a los ricos como a los pobres, a los justos como a los pecadores. La paz de Cristo, que resulta de la práctica de la oración, no es un simple estado de quietud interior. No se trata de un sencillo sentimiento de calma, a pesar de que el recogimiento pueda preparar su llegada. Esta paz puede someternos a la mayor agitación, angustia o sufrimiento. No consiste en una sencilla disposición psicológica, sino que nos invade más allá de las fluctuaciones de nuestro universo mental o emocional habitual.

«Yo soy la viña y vosotros los sarmientos»,[90] —nos dijo Cristo. Esa es la relación que nos invita a establecer con él: más que de una

---

90. Juan, XV, 5.

simple adhesión intelectual a los artículos de la fe, se trata de una comunión íntima, de corazón a corazón, de espíritu a espíritu. En la esperanza de saborear la plenitud de la fuente, día tras día, el practicante de la oración se hace cada vez más transparente a la obra del Espíritu Santo, sin dejarse desanimar por las fases de purificación que jalonan su itinerario.

La oración, tan querida a Juan de la Cruz, es la puesta en práctica de la teología apofática presente en los Padres del desierto, que niega de Dios aquello que no es, si bien reconociendo nuestra ignorancia. Habitualmente es opuesta a la teología catafática, o positiva, la más conocida, que procede por afirmación de los atributos convenientes a la divinidad. Ambas no se oponen en nada, dado que el superlativo y el excelente positivo se acaban en un más allá que supera la afirmación en sí misma, y se inclina en última instancia ante la singularidad de una trascendencia que desvía cualquier nombre y mantiene a distancia cualquier lenguaje.

La tradición apofática, en su profunda lucidez, no conduce en nada al absurdo y al nihilismo. Su trabajo de deconstrucción de las ideas y de los ídolos lleva a la existencia desnuda de lo real, al margen de toda ilusión. Es una vía hacia la unión mística con Dios, más allá de toda afirmación y negación del lenguaje. «Nadie ha visto jamás a Dios»,[91] nos dice San Juan, y San Pablo añade: «Dios habita en una Luz inaccesible que nadie entre los hombres ha visto ni puede ver».[92] Durante los primeros siglos, el cristianismo se mantuvo fiel a estas palabras de los apóstoles. El teólogo es entonces el que reza, el que celebra. No crea ningún discurso sobre Dios. Le canta, lo alaba y participa en la Vida misma del Espíritu y del Hijo, que susurran el *Abba* («Padre»). San Justino escribió que los términos «*Padre, Dios, Creador, Señor...*, no eran, para él, nombres divinos: eran apelaciones extraídas de sus favores y sus obras».[93]

---

91. Juan, I, 18.
92. I Timoteo, VI, 18.
93. *Encyclopédie des religions*, Bayard, 1997.

Las palabras lo designan desde lejos, pero no lo definen. La palabra *Dios*, *Deus* en latín, que quiere decir «día luminoso», es el símbolo de la Luz. «Esta luz que, si bien hace visible cualquier cosa, no permanece menos invisible»,[94] escribe el teólogo Jean-Yves Leloup.

San Hilario añadió en el siglo IV: «Dios es invisible, inefable e infinito: faltan palabras para describirlo».[95] La apófasis forjó pues una lengua que abunda en los términos «negativos»: invisible, inefable, infinito, eterno e inaccesible, es decir, no visible, no explicable con palabras, no finito, no creado... La tradición apofática recuerda la trascendencia de Dios. La «Nada» de la que hablan los místicos cristianos es la «nadización» en el sentido de la purificación de nuestros modos de pensar y de actuar. Dios está en el Más allá de Todo. Conceptualizarlo es encerrarlo e idolatrarlo. Santo Tomás de Aquino lo destacaba: «De Dios no se puede decir lo que es, sino únicamente lo que no es».[96]

La vía apofática no es únicamente una teología negativa. La realidad absoluta se encuentra más allá de la negación pero también de la afirmación, es decir, más allá del funcionamiento dual del espíritu. Por ello queda claro, según Dionisio el Areopagita, que la vía apofática es el éxtasis, la beatitud suprema, la paz definitiva. Cristo no queda olvidado en este camino porque él es el mismo camino, es decir, aquel en el que se realiza la unión de los contrarios, la unidad paradójica de lo humano y lo divino, de lo finito y lo infinito, de lo creado y de lo no creado. Es el arquetipo en el tiempo y en la eternidad, lo es de lo que es Dios en el hombre y de lo que es el hombre en Dios. Juan de la Cruz no tiene nada que ver con los falsos místicos, que confunden los impulsos espontáneos de su sensibilidad con la pura iluminación sobrenatural.

En 1567, Juan de la Cruz decidió entrar en la cartuja de Santa María de Pauler. Fue el silencio completo, la austeridad absoluta, la Cruz pura que buscaba este joven monje. La palabrería intelectual de

---
94. Jean-Yves Leloup, *Introduction aux vrais philosophes*, Albin Michel, 1998.
95. Olivier Climent, *op. cit.*
96. Santo Tomás de Aquino, *La somme théologique*, Éditions du Cerf, 1955.

algunos religiosos le disgustaba, verborrea que con frecuencia acompaña a la búsqueda de poder y de reconocimiento, y que él creía incompatible con su fe cristiana. Escribió que «la mayor necesidad que tenemos para avanzar es mantener silencio cerca de Él, cuya única lengua es el silencioso amor».[97] La regla del Carmelo, tal como se había ido suavizando con el paso de los años, no le satisfacía. Era la perfección de la vida contemplativa lo que deseaba. Juan se trasladó a Medina del Campo, donde encontró su convento. Fue ordenado sacerdote el 8 de septiembre. Pero fue durante las vacaciones de 1567 cuando conoció a Santa Teresa de Jesús en el convento de las carmelitas. Al igual que Juan, ella también aspiraba a reformar el Carmelo a fin de devolverle su pureza original, alejada para siempre de cualquier forma de mundanidad.

Felipe II, rey de España, le dio su apoyo porque no se tomaba ni la Iglesia ni el Evangelio a la ligera, mientras que algunas otras órdenes religiosas se habían convertido en objeto de escándalo; en ellas, los monjes, lejos de la grandeza del drama de la Redención, simplemente iban tirando. Felipe se apoyó en la autoridad del papa, preocupado por la decadencia de la vida religiosa en los conventos. Teresa encontró en Juan al hombre que la podía ayudar a realizar la reforma necesaria. Al saber que él iba a entrar en los cartujos, le expuso su proyecto y le pidió que esperara. Ella le demostró la bondad de que cumpliera su deseo de seguir una vida contemplativa completa permaneciendo en su orden del Carmelo. «Le presenté mi proyecto —escribió ella— y le pedí en seguida que esperara a que el Señor nos diera un monasterio; le mostré que, si su intención era llegar a ser más perfecto, sería muy bueno que eso pudiera suceder en su propia orden, porque de esa manera podría servir mejor al Señor. Me dio su palabra, a condición de que no tuviera que esperar demasiado».[98]

Teresa consiguió que volviera a Salamanca un año más, a fin de terminar sus estudios de Teología. Después ya podría entrar sin re-

---

97. San Juan de la Cruz, *Œuvres complètes*, Desclée de Brouwer, 1981.
98. Santa Teresa de Jesús, *op. cit.*

trasos en la nueva vida que deseaba, porque Teresa creyó que no le hacía falta ningún periodo de preparación: «Siempre ha llevado una vida de sobrada perfección en la religión».[99]

Es un testimonio capital el aportado por la santa, ya adelantada en el camino de perfección a sus cincuenta años, sobre este joven religioso de veinticinco años.

A esa edad, ella ya lo consideraba un santo.

En octubre de 1568, Juan vivía en una casa muy pobre en Duruelo, imitando la pobreza de Cristo y la desnudez de la Cruz: dos o tres habitaciones, suelo de tierra, ausencia de muebles y por hábito, un sayal cortado y cosido por Teresa y sus monjas. Sin embargo, a lo largo de esos años, durante los que la reforma del Carmelo atrajo cada vez más vocaciones, se manifestaron las primeras desavenencias entre los carmelitas descalzos de Juan de la Cruz y de Santa Teresa de Jesús y los carmelitas calzados (opuestos a la reforma). El malestar y la inquietud de los calzados comenzó a manifestarse insistentemente. Se inició así una guerra a base de enfrentamientos entre unos y otros que desembocaron, en 1576, en la retirada semivoluntaria de Teresa a su pequeño convento de San José de Toledo y en su renuncia a realizar nuevas fundaciones. Juan de la Cruz, entonces capellán de la Encarnación de Ávila, permaneció vinculado a la reforma, si bien manteniéndose en la sombra y el silencio de la función espiritual que ejercía entonces.

La situación se envenenó de repente porque el nuncio Ormaneto, favorable a Teresa y a la reforma, murió. Le sucedió un personaje contrario a la reforma llamado Sega. En este asunto se volvió a plantear la misma cuestión que a lo largo de la historia de la Iglesia ha enfrentado a los más tibios con los más fervientes, a los políticos con los místicos, a los que intentan acomodar a Dios con sus preocupaciones mundanas con los que se elevan constantemente hacia Él. Los carmelitas calzados se habían vuelto muy acomodaticios en sus costumbres, y reducido cada vez más los momentos de soledad y de

---

99. Ibídem.

meditación en beneficio de los oficios cantados y del apostolado. Juan de la Cruz quería, en cambio, el silencio, la soledad, la contemplación y la oración.

El padre Maldonado, prior de Toledo, favorable a los calzados, llegó para intentar calmar los espíritus y golpear en la cabeza, o más bien en el alma, es decir, para raptar a Juan de la Cruz. Durante la noche del 2 al 3 de octubre de 1577 irrumpió en la pequeña casa, no lejos del convento de la Encarnación, y se lo llevó con los ojos vendados a Toledo, al convento de los carmelitas calzados. Allí fue encerrado en una pequeña habitación, sin luz y sin ventilación, de la que únicamente salía cada día para ir al refectorio. Recibía el alimento en el suelo, cada monje podía disciplinarlo, y era injuriado a la vez que le hacían promesas de dignificarlo si renunciaba a sus pretensiones de reforma. Juan padeció estas vejaciones en silencio, con resignación pero sin sucumbir jamás. Su carcelero, uno de los monjes jóvenes del convento, acabó conmovido ante tanta bondad y santidad, y en secreto, lo sacaba a tomar un poco el aire, lo que Juan le agradecía en términos conmovedores. Y fue así, en ese estado de abyección física, de humillación y de abandono, como Juan de la Cruz ascendió hasta las sublimes cimas de la unión con Dios. Fue allí donde brotaron las arrebatadoras estrofas del *Cántico*.

Al cabo de nueve meses de cautiverio, el 16 de agosto de 1578, Juan de la Cruz se evadió por los medios habituales, bajo la inspiración de la Virgen. Desmontó la cerradura con algunas herramientas y descendió, con la ayuda de una cuerda hecha con las ropas de su cama, los muros del convento por encima del río Tajo. Caminando bajo la protección de la Virgen, acabó por llegar al convento de los carmelitas reformados de Toledo, que enseguida lo reconocieron a pesar de su lamentable estado, lo reconfortaron y lo escondieron en la clausura. En el coro de la iglesia, Juan de la Cruz no explicó a los religiosos los detalles de su cautividad, sino que les recitó las estrofas inacabadas del *Cántico*.

Para él lo único que contaba era Dios. Todo lo demás ya lo había perdonado. Poco tiempo después, Felipe II y el nuncio Sega intervinieron a favor de los carmelitas descalzos, fieles a Juan y Teresa. Así, finalmente, pudieron constituirse en provincia autónoma y gozaron de libertad para practicar y extender la reforma.

En octubre de 1578, Juan de la Cruz fue nombrado prior del Calvario, al lado de Beas de Segura, en Andalucía, cerca del nacimiento del Guadalquivir, donde Teresa había fundado un convento de monjas dirigido por Ana de Jesús. Fue allí, en este retiro tranquilo en medio de un apacible paisaje, donde pudo acabar el *Cántico*, así como comenzar a escribir algunos otros poemas:

> *En una noche oscura,*
> *con ansias en amores inflamada,*
> *¡oh, dichosa ventura!,*
> *salí sin ser notada,*
> *estando ya mi casa sosegada […].*
>
> *En la noche dichosa,*
> *en secreto, que nadie me veía*
> *ni yo miraba cosa,*
> *sin otra luz y guía*
> *sino la que en el corazón ardía […].*
>
> *Quedeme y olvideme,*
> *el rostro recliné sobre el amado;*
> *cesó todo, y dejeme,*
> *dejando mi cuidado*
> *entre las azucenas olvidado.*[100]

Juan de la Cruz se estableció de golpe en el reino del espíritu sin concesiones al psiquismo mórbido. La penitencia es necesaria, a condición de que sea la penitencia de la Cruz, la muerte en sí misma, el renacimiento en Dios. Lo que vivifica la ascesis es el amor. El yo

---

100. San Juan de la Cruz, *op. cit.*

es perfectamente trascendido, el espíritu establecido en Dios, absorbido en este Absoluto.

En junio de 1579 fue nombrado rector del colegio carmelita de Baeza y después, en enero de 1582, prior del Carmelo de Granada, el mismo año en que murió Teresa de Jesús. Allí residió de manera continua hasta 1585, cuando su estancia se vio interrumpida por la necesidad de los viajes y las fundaciones. Juan de la Cruz recorrió entonces España a pie o a lomos de un mulo o un asno, bajo los rigores del sol veraniego o de los fríos invernales. En mayo de 1585 fue enviado como prior a Segovia. En medio de un paisaje armonioso por su uniformidad decidió retirarse a meditar a una cueva. Pasó su tiempo en plegaria, en oración, casi sin dormir, como abrumado por la grandeza de aquel Dios que lo consumía y lo devoraba.

En 1591, el nuevo superior de los Carmelitas, Nicolás Doria, más político que místico, destituyó a Juan de la Cruz de sus cargos y dignidades, y lo envió como simple monje a La Peñuela, en Huelva. Allí encontró la humildad y el silencio, pero su cuerpo, fatigado por tanta austeridad, no pudo resistir más y poco después de su llegada a La Peñuela se vio afectado por úlceras y llagas hasta caer en tal estado que se decidió trasladarlo a un convento en el que pudiera ser atendido. Se le propuso Baeza, donde había sido prior, pero Juan prefirió el olvido y eligió Úbeda, donde era casi un desconocido. El prior que dirigía este convento era un monje al que Juan había amonestado en otros tiempos por su excesivo rigor como predicador. Este prior lo aceptó pero decidió perseguirlo con saña. Cada día se acercaba hasta el lecho de un Juan moribundo para retraerle viejas, mezquinas y lamentables historias, y para injuriarlo y hacerle reproches. Juan, cubierto de abscesos y sometido a cuidados enormemente dolorosos, lo aceptaba con compasión. También se intentó desacreditarlo: una especie de instructor, el padre Diego Evangelista, se afanó en buscar por algún lugar huellas de faltas contra las costumbres, con gran indignación de las hermanas interrogadas, a las que intentó hacer firmar una declaración falsa. Juan lo aceptó todo sin protestar. Vivía sobre la Cruz de Jesús. Se acercaba al final traicionado por lo humano y reconfortado por sus hermanos. Fue una lenta agonía que acabó por alcanzar y herir el corazón de sus compañeros e incluso el de su prior.

El 13 de diciembre de 1591, Juan de la Cruz anunció que cantaría maitines en el cielo. En efecto, hacia las tres, cuando sonaron los maitines como fondo cantado de la noche, su alma se elevó y entró en el gran día de la unión beatífica. El rasgo dominante de Juan de la Cruz fue la ardiente ternura que llevó a las almas. Sufrió al ver echar a perder estas almas que hubieran podido disfrutar del camino de la contemplación, elevarse por las pendientes del monte Carmelo: «Da pena verlas, tanto que sufren y se fatigan, y sin embargo retroceden...».[101] La montaña es el símbolo de su enseñanza y su cima es Dios. Para llegar hasta Él es necesario avanzar en las tinieblas, caminar en la Nada de toda semejanza creada, abandonar todo modo humano de comprensión. «Porque es saliendo de todo y de ti mismo, de manera irresistible y perfecta, como te elevarás en medio de un puro éxtasis hasta el rayo tenebroso de la divina sobreesencia, habiéndolo abandonado todo y habiéndote desnudado de todo»[102] —escribe Dionisio *el Areopagita*—. La noche de los sentidos, el ascenso hacia la cima, comienza por el crepúsculo, donde lo sensible se borra y desaparece, que Juan de la Cruz presenta así: «Si se quiere avanzar por esta vía que conduce hasta Dios, es necesario que el corazón se vea consumido por el amor de Dios y purificado de todo lo que es criatura».[103] Poco a poco el alma se encamina hacia el corazón de la noche, donde el espíritu será purificado en su misma raíz, a fin de ser capaz de Dios, obra infinita que sólo Dios puede realizar, al precio de una transmutación del espíritu: «Todas las fuerzas y todas las afecciones del alma, pasando por esta noche y esta purificación del viejo hombre, se ven renovadas en las perfecciones y las delicias de la Divinidad».[104] Entonces la noche se ilumina poco a poco y el

---

101. San Juan de la Cruz, *op. cit.*
102. Dionisio *el Areopagita, op. cit.*
103. San Juan de la Cruz, *op. cit.*
104. Ibídem.

alma comienza a ser bañada por la claridad de la aurora. Se trata, esa vez, de la noche de la unión con Dios, de la «teología mística», esa noche irradiada por el sol esplendoroso de la unión beatífica que sólo un velo ligero, una suave tela, oculta al alma liberada. Todo conocimiento discursivo es entonces no solamente negado, sino también vencido y sustituido triunfalmente por una intuición pura, una visión, un conocimiento. Así es trasladada el alma al final de esa noche mística y saborea las primicias de la visión cara a cara. La ascensión de la montaña se ve así realizada, el alma ha sido conducida hasta la cima, allí donde la gloria y el honor de Dios reinan desde la Nada hasta el todo.

Esta unión mística con la Luz convierte a San Juan de la Cruz en un puente con los místicos de las otras grandes religiones de la humanidad. Hay una estrecha convergencia entre la liberación de todo pensamiento discursivo, la entrega de Juan de la Cruz y la vacuidad budista, vacía de cualquier mancha, que conduce a la iluminación del Satori. Los occidentales asimilan la vacuidad negándola... Ahora bien, el lama Teundroup escribe a propósito que «la vacuidad no es una no existencia, su ausencia de dualidad es el lugar de una presencia. Esta presencia es la Clara Luz, la naturaleza de la Divinidad».[105] Su Santidad el Dalai-Lama insiste en el hecho de que «el término *vacuidad* designa la Clara Luz del espíritu. Eso no tiene nada que ver con el nihilismo o la negación».[106] Durante la extinción de los deseos egocéntricos, ¿qué quedará? Quedan las cuatro cualidades ilimitadas de Buda: el amor, la compasión, la alegría altruista y la ecuanimidad (igualdad del alma).

Dominique Poirot, prior del convento de los carmelitas de París, considerado como el mejor especialista francés en San Juan de la Cruz, declara sobre esta cuestión: «Cualquier investigación religiosa y compartida de la amistad divina encuentra en el pensamiento de Juan de la Cruz los caminos de la purificación y de la iluminación.

---

105. Lama Denis Teundroup, *Le dharma de la vie*, Éditions Albin Michel, 1997.
106. Dalai-Lama, *La voie de la félicité*, Éditions Pocket, 1999.

JESÚS, LA MÍSTICA JUDEOCRISTIANA Y LOS ESENIOS

»El encuentro de las religiones, sobre todo orientales, despierta el interés hacia el simbolismo interiorizado. Muchos se han dirigido hacia Oriente a buscar en el taoísmo, el hinduismo, el budismo o el tantrismo una sabiduría. El encuentro con estas sabidurías orientales o con algunas de ellas remite a las riquezas propias de Occidente, a veces ocultadas por la Iglesia vista desde el exterior.

»Más de un bautizado ha descubierto así a Juan de la Cruz y otros místicos cristianos.

»Lo que llama la atención en las grandes tradiciones orientales es precisamente su aspecto experimental. Enseñan las grandes etapas del recorrido espiritual.

»Los versos escritos por Juan de la Cruz al pie del monte de Perfección son la mejor señal de afinidad entre metafísica y sabiduría, tal como el budismo o el tantrismo las desarrollan: ausencia de deseo, causa de todos los males; dominio del ser, del poder, del tener y del saborear, y equilibrio de las pasiones (alegría y sufrimiento, esperanza y temor). Existe una afinidad del pensamiento sanjuanista también con los sufíes, tales como Al-Hallaj (858-922 aproximadamente) en Irán, la India e Iraq, y con Ibn Arabi (1165-1241) en Al-Andalus, en donde Juan redactó sus grandes escritos».[107]

Reconocido por la Iglesia católica como santo y doctor de vida mística, Juan de la Cruz no deja de atraer a todos los buscadores de Dios. Nos muestra uno de los caminos de la vida mística.

¿Cuáles son los vínculos y las convergencias entre la mística cristiana y la mística judía, cercana a la de los esenios? La vía de la unión mística descansa, en la tradición judía, en primer lugar en la observancia de los mandamientos de las prácticas del culto del judaísmo ortodoxo, como la purificación, la penitencia, la humildad y la compasión.

Más allá del estudio profundo de los textos religiosos, la oración, en soledad o en comunidad, mantiene un lugar destacado. Su fervor y su intensidad permiten al ser humano acceder a los mundos espi-

---
107. Entrevistas del autor con el padre Dominique Poirot, abril de 2002.

rituales a través de la oración, llamada *kavvanah*. Los místicos judíos han puesto a punto diferentes métodos que facilitan una modificación del estado de consciencia, a fin de abrir el alma y hacerla receptiva a los influjos y a los mensajes divinos. Quieren deshacer los nudos del ego que mantienen cautiva el alma y proponen, para el futuro, la ciencia de la contemplación, planteada siguiendo una técnica que remite a los místicos de otras religiones.

Según Rami Shapiro, rabino de un templo judío de Miami, los cabalistas (intelectuales y místicos judíos) han hallado la prueba de la práctica de la meditación (oración), que se remonta a Abraham, fundador del judaísmo. Los profetas del Antiguo Testamento entraban en estados de conciencia modificada gracias al ayuno y a las prácticas ascéticas.

«La primera meditación judía formal —escribe el rabino Shapiro— está centrada en el alfabeto hebreo, considerado como el lenguaje divino a través del cual Dios ha creado el mundo. Ver el alfabeto remite a ver la fuente de la creación y por tanto a no ser más que uno con el propio creador. A imagen de los practicantes de todas las religiones centradas en lo absoluto, los meditantes judíos utilizan frases sagradas o versículos de la Biblia como mantra para acercarse a Dios. Tal como decía un gran maestro hasídico a propósito de la expresión *R'bono Shel Olam* (que significa "Maestro del universo"), si la repetís continuamente alcanzaréis la unión con Dios. Es precisamente esta unión la que busca la meditación judía».[108]

A semejanza del cristianismo, la influencia oriental del budismo y del yoga de estos últimos años han hecho resurgir las tradiciones meditativas en el judaísmo. Rabinos como Shapiro (que practica el zen) y David Cooper (que se ha formado en la meditación budista tibetana) contribuyen al renacimiento de la meditación judía, elaborando una nueva síntesis de técnicas antiguas de Oriente y Occidente.

En su libro titulado *Jewish Meditation*, el rabino Aryeh Kaplan describe una técnica tradicional, fundada en un versículo de la Bi-

---

108. *Méditation et psychothérapie*, «Questions de», n.º 121, Albin Michel, 2000.

blia: «¡Elevad los ojos al cielo y mirad!, ¿quién ha creado estas cosas [estrellas]?, ¿quién hace avanzar en orden su *ejército*? Las llama a todas por su nombre...».[109] En una noche clara, recomienda el rabino Kaplan, el meditante se tumba o se sienta confortablemente en el exterior para contemplar las estrellas. Mientras repite el mantra, focaliza su atención sobre las estrellas como si quisiera penetrar en ellas para descubrir los misterios que ocultan. Este utiliza el mantra tradicional judío *R'bono Shel Olam* para que le ayude a mejorar su concentración y su sentido de lo sagrado. Pero no duda en escoger un mantra de su elección. Como recuerda el rabino Kaplan, el meditante «llama a Dios en las profundidades de los ciegos, buscándolo más allá de las estrellas, más allá de los límites incluso del tiempo y del espacio». El practicante se queda absorto en la contemplación tanto tiempo como sea posible. Según el rabino Kaplan, esta meditación «puede conducir a una persona hacia una experiencia espiritual extraordinariamente profunda».[110]

La meditación hebrea permite, según Marc-Alain Ouaknin, «elevarse y encontrar un mejor equilibrio físico, espiritual e intelectual..., una satisfacción de ser, una salud del ser».[111]

Edgard Hoffman, doctor en Psicología, explica cómo ha encontrado en sus lecturas de los textos místicos judíos análisis psicológicos que pueden ser releídos hoy día con interés. El sistema esotérico judío sostiene que el hombre ha sido creado con varios niveles de consciencia: las consciencias inferiores, en las que nacen los deseos instintivos *(nepheshrouah)*, y el alma trascendente *(neshama)*, que aspira a elevarse. Ejerciendo conscientemente su voluntad, el ser humano puede aprender a superar los vínculos emocionales que le mantienen atado a las futilidades. Rabbi Nahman afirma que «cada hombre puede tener un control absoluto de sus pensamientos y dirigirlos como desea». Uno de los métodos consiste en meditar sobre

---

109. Isaías, XL, 26.
110. Rabino Aryeh, Kaplan, *Jewish Meditation,* Schocken, 1995.
111. *Méditation et psychothérapie,* «Questions de», n.º 121, Albin Michel, 2000.

los rasgos emocionales de su carácter (tendencia a la cólera, la ansiedad...), después, por introspección, hacer frente despiadadamente a la emoción hasta que esta deje de tener influencia. «Se trata —escribe la psicoterapeuta Brigitte Kashtan— de esforzarse en cada meditación —mediante un proceso de desprendimiento voluntario— para minimizar su implicación emocional en los asuntos de este mundo, reviviendo, por ejemplo, un acontecimiento ocurrido durante el día, pero borrando la emoción negativa».[112]

El método del «grito silencioso», también recomendado por Rabbi Nahman, consiste en imaginar el sonido de su propio grito y dejarlo ocupar toda la consciencia, y después expresar, pero siempre silenciosamente, todo lo que ha sido reprimido (rabia, deseos, decepciones...). Rabbi Nahman compara la meditación a la acción de hacer hervir una olla de agua: «El calor provocado hace subir a la superficie todas las imperfecciones y revela cómo son. Cuando estas impurezas son recogidas, el agua queda realmente limpia y pura».[113] El regalo de la meditación (oración) es por tanto percibir los fallos interiores y transformarlos.

En la tradición judía, *nephesh* es la función animadora vital del ser, *rouach* representa el soplo espiritual y *neshama*, la inspiración y la intuición de Dios. Eso no crea tres almas separadas, sino una sola, cuyos tres niveles envuelven el «Querer Uno» que hace la unidad del ser. Al igual que las capas del *atman* (alma) en el hinduismo, los niveles inferiores envuelven a los superiores, que dan acceso al corazón de la persona. El fin de la oración judía es el desarrollo de *rouach* («soplo espiritual») en *nephesh*. La oración permite la plena realización de *neshama*, el alma pura superior que puede entrar en relación con la inteligencia divina *(bina)*.

El hasidismo, una de las vías de la mística judía, considera que el canto y la danza son medios esenciales para abrirse al conocimiento del Divino. Se aproxima al yoga de la devoción *(bhakti yoga)* del

---

112. Ibídem.
113. Ibídem.

hinduismo y del sama del sufismo. La alegría y el fervor son las principales características de la vía popular hasídica. A menudo, las oraciones son cantadas y bailadas. Los mejores se entregan, como en todas partes, a la meditación (oración), a la eliminación del ego y su consecuencia suprema, el éxtasis.

Aquí se encuentran las dos aproximaciones que con frecuencia han sido evocadas en las otras espiritualidades, a fin de alcanzar la superación de la condición humana: la vía de entusiasmo extravertido y la de la absorción interior. «El fin —escribe Jeannine Orgogozo-Facq— es el descubrimiento del verdadero yo, que se mantiene oculto bajo las preocupaciones mezquinas de la vida ordinaria».[114]

Los esenios practicaban la meditación mística judía presentada anteriormente. Las convergencias con la mística cristiana nos llevan a preguntarnos sobre los lazos que unen a Jesús y el cristianismo con los esenios.

Un libro de Michael Baignent y de Richard Leigh, *The Dead sea scrolls deception*, publicado en 1991, pretende que una conspiración del Vaticano intentaría hacer desaparecer informaciones conocidas a partir de la traducción de algunos manuscritos del Mar Muerto, por miedo a que pusieran en duda algunos dogmas de la Iglesia católica. Hoy día, ya sabemos que no ha existido ninguna conspiración sobre esta cuestión, que ningún fragmento ha sido jamás destruido ni disimulado, y que el Vaticano no ha albergado nunca ningún temor en relación con el contenido de los textos del Mar Muerto.

La mayor parte de los expertos opinan que los manuscritos no hacen ninguna referencia a los comienzos del cristianismo, a Jesús o a los primeros cristianos. Estiman que las similitudes entre los manuscritos del Mar Muerto y el cristianismo se explican por el fondo común con la religión judía. Sin embargo, el investigador John DeSalvo ha hallado algunos pasajes de los textos del Mar Muerto que podrían hacer referencia a Jesús y a los primeros tiempos del cristia-

---

114. Jeannine Orgogozo-Facq, *Initiation à l'histoire des religions*, Dervy, 1991.

nismo. Examinó y presentó varios textos extremadamente interesantes de los manuscritos del Mar Muerto que figuran entre los más controvertidos. Según él, el fragmento 7Q5 (descubierto en la gruta siete) sería un texto del Nuevo Testamento. Algunos expertos han llegado a la conclusión de que habla de Jesús caminando sobre el agua. Esta historia se encuentra en la Biblia cristiana en el capítulo VI, versículos 52 y 53 del Evangelio de San Marcos, y se presenta así: «En efecto, no habían comprendido nada de la cuestión de los panes, su corazón estaba endurecido. Después de la travesía, tocaron tierra en Genesaret y lo abordaron».[115]

El fragmento 75 da la versión siguiente: «En efecto, no habían comprendido nada de la cuestión de los panes, su corazón estaba endurecido. Después de la travesía, tocaron tierra en Genesaret y lo abordaron. Desde que desembarcaron...».[116]

Sobre la base de estas dos citas muy similares, el investigador Carsten Peter Thiede ha visto una prueba de los lazos profundos entre el Nuevo Testamento y los manuscritos del Mar Muerto. Ahora bien, esta traducción ha sido puesta en duda por otros investigadores, que han acusado a Carsten Peter Thiede de haberse basado en numerosas suposiciones en cuanto al significado de los términos. Aquellos creen, en cambio, que también eran posibles otras interpretaciones.

El texto sobre el Mesías asesinado representa otro ejemplo de interpretación. ¿Evoca este texto la ejecución de Jesús? El fragmento 4Q285 se presenta así: «Y las breñas del bosque fueron derribadas con un hacha, y el Líbano con sus majestuosos árboles caerá. Nacerá un retoño de la raíz de Jesse y una rama saldrá de sus raíces. Es la Rama de David. Entonces todas las fuerzas de Belial serán juzgadas, y el rey de Kittim deberá comparecer en juicio, y al Jefe del país, la Rama de David lo hará matar».[117]

---

115. *La Bible de Jérusalem*, Éditions du Cerf, 2003.
116. Archivos de la Escuela Bíblica y Arqueológica Francesa de Jerusalén.
117. Ibídem.

Otros traductores estiman que este texto significa de hecho que el príncipe se encargará de cometer el homicidio y no a la inversa, y que no hace ninguna referencia a Jesús.

Dos personajes tienen también un papel determinante en algunos textos del Mar Muerto. Se trata del benévolo Maestro de justicia y del sacerdote impío, personaje nefasto. Este último es presentado como el hombre de mentira o el gran mentiroso, mientras que el primero parece corresponder a diferentes personajes del Nuevo Testamento, como Jesús, Juan *el Bautista* o incluso Santiago, el hermano de Jesús.

El fragmento 4Q242, llamado «Oración de Nabónidas» o «Curación del rey Nabónidas», sugiere el relato del Nuevo Testamento que evoca la curación del paralítico por Jesús y el perdón de sus pecados. Los Evangelios presentan dos versiones diferentes: la versión de Mateo, IX, 1, y la de Marcos, II, 1. Un paralítico fue conducido ante Jesús en una camilla, porque él no podía desplazarse por sus propios medios. La versión de Mateo menciona que el paralítico fue presentado a Jesús, mientras que la de Marcos precisa que eso se produjo en Cafarnaún y que el paralítico fue bajado por el tejado, porque era imposible acercarse hasta Jesús por la gran cantidad de gente que había a su alrededor. Cerca de la casa en la que se encontraba Jesús, los cuatro hombres que transportaban al paralítico subieron al tejado, abrieron un agujero y bajaron al enfermo hasta Jesús, que comenzó por decirle que le eran perdonados sus pecados, sorprendiendo a muchos judíos que pensaban que sólo Dios podía indultarlos. Jesús le dijo entonces que se levantara, cogiera su camilla y se fuera, lo que hizo inmediatamente porque estaba completamente curado. Los investigadores establecen un paralelismo con el relato del capítulo IV del Libro de Daniel del Antiguo Testamento, que habla de una enfermedad que afectó al rey de Babilonia, Nabucodonosor, durante siete años. Llevaba una existencia de recluso y sólo pudo curarse cuando comprendió que el Dios de Daniel era el único y verdadero Dios que reinaría toda la eternidad. El texto de los manuscritos del Mar Muerto se presenta así: «Las palabras de la oración de Nabónidas, último rey de Babilonia, el gran rey, cuando por orden de Dios se vio afectado por una grave inflamación en Taima fueron:

"Yo, Nabónidas, padecí una grave inflamación que duró siete años. Dado que la enfermedad me había transformado y convertido en un animal, oré al Altísimo y Él perdonó mis pecados. Un exorcista, miembro de una comunidad de exiliados, vino hasta mí y me dijo: 'Explica y escribe esta historia y, al hacerlo, reconocerás la gloria y la grandeza del nombre de Dios, el Altísimo'.

"Yo mismo la he escrito personalmente. Fui afectado por una grave inflamación cuando estaba en Taima, por orden de Dios, el Altísimo. Después, durante siete años, continué rezando a los dioses de plata y oro, de bronce, de hierro, de madera, de piedra y de arcilla, porque creía que eran realmente dioses".[118]

John DeSalvo ve una semejanza inquietante en estas dos historias. ¿Es el relato de la curación del paralítico por Jesús la misma historia pero explicada de manera diferente? ¿Es Jesús el judío exorcista? «En esta época —escribe John DeSalvo—, Jesús debía de ser considerado como un exiliado, lo que algunos ven como la prueba de que la comunidad de Qumrán conocía su existencia y sus milagros. Otros son de la opinión contraria. ¿Quizá los autores del Nuevo Testamento, que conocían a los esenios y sus escritos, les atribuyeron esta historia, si bien más tardía, a fin de adaptarla a la historia de Jesús aunque modificando algunos detalles?».[119]

John DeSalvo también examinó los vínculos existentes entre el Nuevo Testamento y otro relato de los manuscritos del Mar Muerto: la historia conocida bajo el nombre de Fragmento de la Resurrección, Redención y Resurrección o Apocalipsis mesiánico anunciaba la llegada de un mesías que reinaría en la tierra y en los cielos, así como la resurrección de los muertos. Este texto ofrecía similitudes con los Evangelios relativos a los signos de la llegada del Mesías: «Porque los cielos y la tierra escucharán a su Mesías y ninguno de los que los

---

118. Ibídem.
119. John DeSalvo, *op. cit.*

habitan se apartará de los mandamientos de los santos. ¡Animaos, buscad al Señor, a Su servicio! ¿No encontrarán al Señor aquí todos aquellos que llevan la esperanza en su corazón?

Su espíritu planea sobre los humildes y renueva la fe de los fieles en su poder. Porque honrará a los devotos en el trono de Su reino eterno, liberando a los prisioneros, abriendo los ojos de los ciegos, enderezando a los que se han curvado. Y para siempre permanecerá cerca de aquellos que esperan y son piadosos.

El Señor realizará actos gloriosos que jamás han sido realizados, tal como había anunciado. Porque curará a los que están gravemente heridos, resucitará a los muertos y llevará la buena nueva a los afligidos. Los guiará. Enriquecerá a los hambrientos».[120]

Este texto —estima John DeSalvo—, que aborda el asunto escatológico del Nuevo Testamento, corresponde por otra parte a las palabras de Jesús en los Evangelios de Lucas y de Mateo: «Pero si es por el dedo de Dios que yo persigo a los demonios, mientras el Reino de Dios acaba de alcanzarnos».[121] «Id a explicar a Juan lo que acabáis de ver y oír: los ciegos recuperan la vista y los cojos caminan bien, los leprosos son curados y los sordos oyen, los muertos resucitan y la buena nueva es anunciada a los pobres».[122]

John DeSalvo continúa su demostración presentando la analogía entre las Bienaventuranzas de Jesús y un fragmento de la gruta cuatro de los manuscritos del Mar Muerto: «Y tomando la palabra, les dijo:

»Bienaventurados serán los pobres de espíritu porque suyo será el reino de los cielos.

"Bienaventurados los que lloran porque serán consolados.

"Bienaventurados los mansos porque poseerán la tierra.

"Bienaventurados los que tienen hambre y sed de justicia porque serán saciados.

---

120. Archivos de la Escuela Bíblica y Arqueológica Francesa de Jerusalén.
121. Lucas, XI, 20.
122. Mateo, XI, 4-5.

"Bienaventurados los misericordiosos porque alcanzarán misericordia.

"Bienaventurados los limpios de corazón porque verán a Dios.

"Bienaventurados los pacíficos porque serán llamados hijos de Dios.

"Bienaventurados los perseguidos por la justicia porque suyo es el reino de los cielos.

"Bienaventurados seréis cuando por mi causa os insulten, os persigan y os digan toda clase de calumnias.

"Mantened la alegría y la bondad, porque vuestra recompensa será grande en el reino de los cielos; por eso, en efecto, fueron perseguidos los profetas que os precedieron"».[123]

El fragmento de la gruta cuatro se compone así: «Bienaventurados los que respetan su ley y no siguen el camino de la injusticia. Bienaventurados los que se alegran con ella y no se consumen por los caminos de la locura. Bienaventurados los que la buscan con las manos puras y no la persiguen con un corazón pérfido. Bienaventurado el hombre que alcanza la sabiduría y sigue la Ley del Altísimo».[124]

John DeSalvo estima que algunas pruebas circunstanciales parecen indicar que la comunidad de Qumrán habría conocido a Jesús u oído hablar de él. Algunos investigadores también han avanzado que Juan *el Bautista* habría podido ser educado por la comunidad de Qumrán y habría sido miembro de ella.

La posibilidad de que hubiera un estrecho lazo se ve todavía reforzada por la proximidad temporal con Jesús y los primeros cristianos. Además, aquellos parecían oponerse a las ideas religiosas convencionales de la época.

«A la vista de sus numerosas convicciones comunes y del hecho de que efectivamente pudieron influirse mutuamente —escribe John DeSalvo—, no sería sorprendente que la comunidad de Qumrán hubiera transmitido algunos acontecimientos asociados a los primeros cristianos, y a Jesús en especial. Lo que importa, sin embargo, es

---

123. Mateo, V, 3-11
124. Archivos de la Escuela Bíblica y Arqueológica Francesa de Jerusalén.

continuar la restauración de los fragmentos y el reconocimiento informático de los términos que aparecen antes de poder llegar a una conclusión definitiva.

»No podemos olvidar que, en la época de Jesús, no existía una fe o doctrina única entre los judíos. Lejos de caracterizarse por un único credo, el judaísmo se decantaba por diferentes variantes, una situación que quedó reflejada en la biblioteca de Qumrán, donde los manuscritos no se referían a un tema religioso único, sino a un complejo conjunto de ideas, doctrinas y creencias relativas a esa época. En consecuencia, debemos considerar esta colección como un conjunto de creencias diferentes. Existen, no obstante, algunas cuestiones comunes entre las creencias cristianas y el contenido de algunos textos de los manuscritos del Mar Muerto, especialmente la confianza en la llegada de un mesías y un Apocalipsis, sinónimo de victoria última del bien sobre el mal».[125]

El Nuevo Testamento habla de manera exacta del Apocalipsis, ese periodo de tribulaciones en el que el mal reinará en el mundo y la llegada del Mesías será la clave para vencerlo y salvar a los justos; terminará con el advenimiento de una era nueva para los fieles victoriosos y el nacimiento de un mundo nuevo. De forma bastante curiosa, los manuscritos del Mar Muerto presentan un escenario similar, que se acaba con la convicción de que el templo de Jerusalén será reconstruido un día y que una nueva Jerusalén celeste descenderá también desde los cielos. Antes del descubrimiento de los manuscritos, los especialistas afirmaban que este escenario apocalíptico del fin de los tiempos únicamente era propio del cristianismo, un postulado que, sin embargo, se reveló pronto incorrecto, dado que los textos del Mar Muerto ofrecen una descripción bastante cercana. «Tal como lo ilustran los manuscritos del Mar Muerto —escribe John DeSalvo—, parece que la creencia en el Apocalipsis no emana del cristianismo, sino que es anterior».[126]

---

125. John DeSalvo, *op. cit.*
126. Ibídem.

LOS MISTERIOS DE LOS MANUSCRITOS DEL MAR MUERTO

Los manuscritos del Mar Muerto también hacen referencia a la llegada de un profeta que precedería al Mesías y anuncian su aparición. Se trata en la Biblia de Juan *el Bautista*, si bien algunos especialistas estiman que la comunidad de Qumrán lo conocía y hacía referencia a él en sus textos. El río Jordán, donde bautizaba a los creyentes, se encontraría a sólo algunos kilómetros al norte de Qumrán. Algunos sostienen que era miembro de la comunidad esenia y la misma idea del bautismo desempeña un papel central en las creencias de la comunidad de Qumrán. Los fragmentos descubiertos en la gruta siete parecen constituir una prueba que demostraría la existencia de vinculaciones fraternales entre los esenios y los primeros cristianos. Algunos de esos especialistas han avanzado que algunos de esos fragmentos redactados en griego podrían ser una parte del Evangelio de San Marcos y de otros textos del Nuevo Testamento. Esta tesis es ásperamente discutida y rechazada por los especialistas, algunos de los cuales no creen que esos fragmentos se refieran a los Evangelios. Existen, sin embargo, numerosas semejanzas entre las creencias de la comunidad de Qumrán y los primeros cristianos.

Robert Eisenman y Barbara Thiering, dos investigadores especializados en los manuscritos del Mar Muerto, creen que se trata de creencias idénticas y que la comunidad de Qumrán formaba parte de la primera comunidad cristiana. Este punto de vista claramente innovador se ve apoyado progresivamente por cada vez un mayor número de pruebas:

• Creen en el bautismo y practican una forma de ritual.
• Creen en la existencia de dos fuerzas en conflicto, las fuerzas del bien y del mal, que se enfrentan en el cielo y en la tierra.
• Mantienen una visión escatológica que pronostica la victoria del bien sobre el mal.
• Creen en el advenimiento de un mesías: dos mesías para la comunidad de Qumrán en oposición a un único mesías para la comunidad cristiana.

JESÚS, LA MÍSTICA JUDEOCRISTIANA Y LOS ESENIOS

- Disponen de la comida sagrada integrada por el pan y el vino.[127]

La Regla de la congregación de la comunidad de Qumrán presenta el momento de la comida de la siguiente forma: «Cuando se reúnen en la mesa comunitaria, tras preparar el pan y el vino a fin de que la mesa común esté dispuesta para comer y el vino en los vasos para beber, nadie puede estirar el brazo para coger la primera parte del pan o el vino antes que el sacerdote, porque a este le corresponde bendecir la primera parte del pan y del vino y ser el primero en coger el pan. A continuación, el Mesías de Israel debe estirar el brazo hacia el pan. Finalmente, cada miembro de la congregación de Yahad debe recitar una bendición por orden decreciente en función del rango de cada uno».[128]

¿Habría adoptado Jesucristo algunas ideas de la comunidad de los esenios? Numerosas preguntas se mantienen sin respuesta, especialmente en relación con la identidad del mesías laico y de su homólogo espiritual, el Maestro de justicia. Los manuscritos del Mar Muerto anunciaban que el fundador de la comunidad de Qumrán, que era llamado el *Maestro de justicia*, murió ejecutado. Los esenios creían que el final de los tiempos se traduciría en el advenimiento de dos mesías. Uno de estos mesías era también llamado el *Maestro de justicia*, al igual que su fundador. El otro mesías, que aparecería también al final de los tiempos, era llamado *Mesías laico* y sería un descendiente del rey David. La creencia en la venida de dos mesías al final de los tiempos parece diferir en apariencia de la propia del Nuevo Testamento, donde no existe más que un único mesías encarnado por Jesús durante su segundo advenimiento. Ahora bien, los manuscritos del Mar Muerto destacan que los dos mesías mencionados unirán sus esfuerzos.

El mesías laico o davídico sería un mesías guerrero, dado que libraría la batalla final contra el mal y debería restaurar el reino de

---

127. Robert Eisenman, *The Dead sea scrolls and the first christians*, Catle Books, 2006.
128. Archivos de la Escuela Bíblica y Arqueológica Francesa de Jerusalén.

Dios y hacer advenir la Jerusalén celeste. La persona de Jesús podría representar la combinación de los dos mesías de la comunidad de Qumrán.

La mayor parte de los especialistas en los manuscritos del Mar Muerto creen improbable el hecho de que el Maestro de justicia sea el propio Jesús, dado que estos textos fueron verosímilmente redactados antes del periodo en que vivió, según los resultados de las pruebas realizadas con el carbono 14. Las semejanzas serían debidas a las ideas comunes del judaísmo de los dos grupos relativas al Mesías. Si bien entre los esenios y los primeros cristianos existen semejanzas, también aparecen diferencias notables. La comunidad de Qumrán defiende el aislamiento del resto del mundo, mientras que Jesús predicaba a todos, incluidos aquellos que se entregaban a la bebida y se sentían culpables de gula. Jesús y los primeros cristianos no quisieron limitar nunca el círculo de sus discípulos a unos cuantos elegidos. Parece, no obstante, que los primeros cristianos practicaban el retiro durante largos periodos, manteniéndose aislados del mundo mediante la práctica intensiva de la oración en silencio. La comunidad de Qumrán no hizo nunca referencia al Maestro de justicia como el Señor resucitado o el que no forma más que uno con Dios, nociones que quedaron como propias en el cristianismo.

«Eso no significa, no obstante, que podamos concluir que existía una total ausencia de contacto entre ambos grupos —escribe John DeSalvo—. No olvidemos que la datación mediante el carbono 14 se realiza sobre la base de algunos fragmentos escogidos de los manuscritos. La fecha de los manuscritos analizados puede presentar un margen de error que va de los cincuenta a los cien años. Las fechas, por otra parte, sólo indican las de la muerte de los animales cuya piel fue utilizada (es decir, el momento en el que dejaron de respirar y, por tanto, cuando el carbono 14 comenzó a desintegrarse) y no las de redacción de los manuscritos. Es posible, pues, que algunas pieles pertenecieran a animales que hubieran muerto varios años antes de que fueran utilizadas. Además, han sido analizadas muy pocas muestras, y puede que entre las no estudiadas algunas sean más recientes, hasta el punto de que su fecha se aproxime más al año 70 d. de C. La datación por carbono no permite, por tanto, eliminar toda posibilidad de que algunos manuscritos fueran escritos en vida de Jesús o de Juan *el Bautista*, e incluso posteriormente.

»Además, si la comunidad de Qumrán no escribió nada en torno a Jesús o Juan, eso no implica necesariamente una ausencia de contacto, sino que la colonia quizá no tuvo el tiempo o la posibilidad de consignarlo por escrito antes de ser aniquilada por los romanos.

»Existen datos que sugieren la existencia de contactos entre estos dos grupos. Al margen de sus diferencias, presentan similitudes llamativas, como la creencia en el bautismo, el carácter sagrado de la comida o el concepto del fin de los tiempos. La proximidad de los cristianos y del sitio de Qumrán, e incluso el enclave del Jordán utilizado por Juan *el Bautista* para celebrar sus ritos bautismales, constituyen también hechos que no pueden ser ignorados. Finalmente, algo esencial, existen más similitudes entre la comunidad, de Qumrán y los primeros cristianos que con algunos otros grupos. Tanto la comunidad de Qumrán como los cristianos rechazaban a los escribas y a los fariseos del templo de Jerusalén. Por ello, habrían podido buscar alianzas o instaurar lazos cordiales.

»Probablemente deberemos esperar un tiempo antes de que esta cuestión sea definitivamente dilucidada. También es posible que otros manuscritos u objetos suplementarios acaben de aportar más informaciones sobre este tema esencial. ¿Eran los cristianos los únicos en creer en la resurrección de Jesús, el hijo de Dios, o nos esperan nuevos descubrimientos?».[129]

Continuando en la misma dirección que John DeSalvo, Stéphane Ruspoli es el autor de una obra reciente que trata del origen esenio del cristianismo y del Mesías de Nazaret, con el título *Le Christ essénien*, publicada por Éditions Arfuyen en 2005, prestigiosa editorial de obras de los grandes místicos cristianos y de otras religiones. Filósofo islamólogo y hebreólogo, Stéphane Ruspoli propone en esta

---

129. John DeSalvo, *op. cit.*

obra un breve ensayo de teología comparada. Después de haber consultado los documentos originales, concluye que no solamente el movimiento esenio sirvió de cuna ideológica al cristianismo, sino también que la llegada de Jesucristo fue anunciada y preparada por la comunidad de los esenios de la Nueva Alianza. Esta tesis se enfrenta a la de la mayoría de los especialistas, que no contemplan la posibilidad de una continuidad histórica entre el mesianismo de los esenios y el Evangelio. Titulado superior en Ciencias Religiosas y Lenguas Orientales, Stéphane Ruspoli es autor de artículos y de obras sobre la mística musulmana (sufismo).

Destaca que probablemente es en la región de Jericó donde apareció el profeta Juan, enviado al desierto para predicar el arrepentimiento al pueblo de Israel y que bautizó a Jesús de Nazaret, reconociéndolo como el Mesías. Ese lugar no ha podido ser identificado, pero no debía de hallarse muy lejos de Ein Feshkha, una antigua colonia esenia vinculada a Qumrán, muy cerca de la ciudad monasterio de los esenios. «Ahora bien —continúa Ruspoli—, fue en esta región —si no fue incluso en Qumrán— donde Jesús quiso hacer su retiro de cuarenta días en el desierto, antes de volver a Galilea para comenzar su ministerio. Este retiro ascético, del que nos hablan los Evangelios (Mateo y Lucas), así como el rito del bautismo administrado por el profeta Juan, son dos rasgos característicos de la Regla esenia, que prescribía el retiro de los "hombres inteligentes" (los sabios) al desierto, para purificarse y meditar allí la Tora, que es el origen de su reforma espiritual».[130] Este retiro se basaba especialmente en la práctica de la meditación silenciosa (oración en la tradición cristiana y *kavvanah* en la judía).

Según el Evangelio (Juan, I, 31-33), el bautismo de arrepentimiento que administraba Juan en el río Jordán debía ser el preludio a la llegada del Mesías para bautizar al pueblo de los convertidos de Israel «en el Espíritu Santo». Según Ruspoli, se imponía un acerca-

---

130. Stéphane Ruspoli, *Le Christ essénien. L'origine essénienne du christianisme et du Messie de Nazareth*, Éditions Arfuyen, 2005.

miento con la Regla de los esenios, al describir el baño de purificación en el agua viva como un rito conmemorativo del juramento de «adhesión a la Alianza» (Regla, V). Este rito era propiciatorio, en el sentido de que debía preparar a los fieles de la Alianza con vistas a la renovación jubilar para el tiempo mesiánico. Trataba de la renovación corporal, moral y espiritual del hombre, como un retorno al estado de inocente pureza adánica que pone fin al pecado.

Dos veces, la Regla esenia invoca el pasaje de Isaías (XL, 3) sobre el restablecimiento necesario de la Vía de Dios, que cita también el Evangelio: «Aquellos días apareció Juan *el Bautista* predicando en el desierto de Judea y dijo: "¡Convertíos, porque el reino de Dios está cerca!". Este es aquel del que habla el profeta Isaías, la voz del que clama en el desierto: "Preparad el Camino del Señor, enderezad sus senderos"». (Mateo, III, 2-3; compárese con Lucas, I, 76; III, 4-6, y Juan, I, 23). Y esta vía, precisa la Regla de la comunidad esenia, «es el estudio de la Ley que Él ha promulgado por intermediación de Moisés, a fin de que se realice según todo lo que ha sido revelado a lo largo de los tiempos y según lo que los profetas han revelado por su Espíritu Santo (Regla, VIII, 14-15). Los seguidores deben comprometerse a seguir exactamente la Ley mosaica obedeciendo a los «hijos de Sadoq», los sacerdotes del Consejo de la comunidad esenia, cuyo ideal era «practicar en común la verdad y la humildad, la justicia y el derecho y la afectuosa caridad, así como la modestia de actuar en todos los senderos» (Regla, V, 4).

Según Ruspoli, los esenios prepararon la vía del Mesías anunciado por Isaías, y cuando se cumplió el tiempo para su manifestación en Israel, Juan *el Bautista* lo reconoció, eclipsándose ante él, y lo citó como tal delante de sus propios discípulos, como Andrés, Felipe, Pedro y Natanael. A propósito de la indiferencia o de la oposición de los fariseos y los saduceos al Evangelio de Jesús, se observa la misma adversidad, denunciada sin descanso por los esenios, que contra los otros partidos judíos de la época, vinculados al poder y contrarios a su esperanza mesiánica, a esta «Vía de Dios» que querían abrir en el desierto (véase Regla, VIII, 9, 18-19).

«La doctrina esenia —escribe Stéphane Ruspoli— es una escatología orientada hacia el futuro que el Evangelio convirtió en un acontecimiento presente, una escatología del momento, dispuesta a la kenosis del Verbo y a su parusía final para el Juicio último. Sin embargo, por ambos lados, el objetivo parece análogo: construir la era mesiánica para que Dios fuera reconocido y glorificado en el espejo de una humanidad, que es y será siempre la nuestra, con ansias de redimir a nuestros pobres humanos. Esa fue la ambición de la reforma esenia, ¡nada menos!

»¿No fue precisamente "esta Vía" la que más tarde reconoció haber perseguido el fariseo Pablo de Tarso antes de convertirse, cuando se dirigía a Damasco enviado por el gran sacerdote de Jerusalén para detener a algunos de los primeros discípulos cristianos (Actas, IX, 2)? Fue "adeptos de la Vía", una expresión típicamente esenia, como Lucas y Pablo llamaron a los discípulos de Jesús.

»No puede tratarse de una simple coincidencia. Y si esto fue así, el Evangelio puede aparecer como una consecuencia —por no decir el logro— de la reforma religiosa emprendida por la comunidad de los esenios de Judea, que se adhirieron a la ideología de la Nueva Alianza, instituida por su profeta, el misterioso "Maestro de justicia", en el siglo I a. de C.

»Ahora bien, tal perspectiva perturba mucho a los estudiosos especializados en la exégesis comparativa de los documentos esenios y del Nuevo Testamento. La sensación general es que las diferencias son más numerosas e importantes que las semejanzas, y que el esenismo debe ser analizado como un fenómeno histórico y doctrinal independiente de la eclosión del cristianismo. Porque, de otra manera, sería el origen del cristianismo y su "prehistoria" inmediata los que deberían ser revisados profundamente, un proyecto para el que no se tiene la valentía o la voluntad».[131]

Siguiendo con su tesis, Stéphane Ruspoli estima que un consenso científico ha permitido ofrecer a la comunidad de los esenios

---

131. Ibídem.

la creencia aberrante en la llegada simultánea de dos mesías, uno sacerdotal (mesías sacerdote) y otro real (laico). Esta teoría, impuesta como un dogma al gran público, permitía distinguir claramente el esenismo del cristianismo, que sólo se planteaba la llegada de un mesías. Por ello, varios pasajes concretos del Rollo de Damasco que trataban de la Nueva Alianza y de la «llegada del Mesías de Aarón y de Israel en los últimos días» han sido traducidos en plural por todos los estudiosos, allí donde los manuscritos hebreos hablan en singular: *el* Mesías (véase Damasco, II, 12; V, 21; XIII, 1; XIII, 21; XIV, 19). Ninguno de los fragmentos que se han conservado de los Rollos de Qumrán permite atribuir a los esenios la teoría, contraria a la escatología bíblica, de los dos mesías. Cuando en ocasiones la palabra *mashîkhîm* aparece en plural (y no dual: *mashikhaïm*), se refiere a los «ungidos», que son los convertidos a la Alianza incorporados al partido del Maestro de la justicia, el jefe de la comunidad. Se descubren en realidad —continúa Ruspoli— en los textos testimonios de una destacable serie de predicciones sobre la aparición inminente del Mesías «en los últimos días», cuando llegue el final de los tiempos, un «final» que testimoniará la proclamación del Evangelio por Jesús de Nazaret, en el que Juan *el Bautista* encontrará al Mesías esperado. Algunos investigadores han objetado que el esenismo no mantenía ninguna relación posible con la aparición de Jesús, al que no conocen por los manuscritos del Mar Muerto. El argumento es fácil, pero olvida dos cosas: «Por una parte, que muchos documentos de las grutas de Qumrán aparecieron fragmentados y por tanto eran ilegibles —escribe Ruspoli—, en especial los papiros griegos de la gruta siete. Por otra parte, es evidente que la escuela judía esenia no podía hablar de Jesús ni situarlo en un determinado marco histórico como el del Evangelio antes de que aquel viniera y asumiera la función de Mesías. Pero negar que lo hubieran profetizado obliga a ignorar el alcance de los textos, o a esquivar el sentido».[132]

---

132. Ibídem.

Stéphane Ruspoli afirma que Cristo aparece descrito, antes que en los Evangelios, en los Testamentos de los Patriarcas de los esenios. Fechados entre los años 50 a. de C. y 30 d. de C., esta obra esenia de gran importancia predijo y evocó en numerosas ocasiones la llegada de Cristo, sin ningún seguimiento detectable de nuestros Evangelios, por el hecho, además, de que estos son posteriores y dependen de aquellos bastante estrechamente. «Nos encontramos ya en el camino que conduce de la predicación esenia al cristianismo —escribe Ruspoli—. Lo más chocante es el silencio oficial con el que la Iglesia católica ha rodeado esta obra, muy divulgada desde la aparición del cristianismo, y que ha alimentado el pensamiento de los autores del Nuevo Testamento».[133]

El advenimiento del Mesías, calificado de *Salvador*, fue anunciado en el Escrito de Damasco y en diferentes textos de Qumrán, que presentaban con insistencia las predicciones de los Patriarcas, a fin de que sus descendientes no zozobrasen con el resto de Israel en la corrupción de los últimos tiempos, sino que respetasen la Alianza y acogiesen al Salvador en la última generación, para colocarse junto a él, recibir su paz y resucitar con él en la gloria.

Recordemos el pasaje del Testamento de Leví en el que invocaba el bautismo de Cristo en su versión todavía esenia, anterior a la de los Evangelios: «Entonces el Señor creará un Sacerdote nuevo al que todas las palabras del Señor le serán reveladas. Su astro se elevará en el cielo como el de un rey. Resplandecerá como el sol sobre la tierra. Los cielos se abrirán, y del Templo de gloria vendrá sobre él la santificación, al mismo tiempo que una voz paternal como la de Abraham a Isaac. La gloria del Altísimo será proclamada sobre él, y el Espíritu de inteligencia y de santificación reposará sobre él en el agua. Porque es él el que dará la magnificencia del Señor a sus hijos en la verdad eterna, y nadie le sucederá. Bajo su sacerdocio el pecado desaparecerá, los impíos dejarán de hacer el mal y los justos descansarán en él. Dará de comer a los santos el

---

133. Ibídem.

fruto del árbol de la vida, y el Espíritu de santidad reposará sobre ellos».[134]

Ruspoli ve en los esenios a los cristianos anticipadamente: «Muchos judíos y prosélitos llegados del esenismo adherido al partido nazareno pueden ser considerados "cristianos antes de tiempo", mientras otros permanecieron como discípulos de Juan *el Bautista*, y aun otros se afiliaron al partido de los zelotes y fueron masacrados o deportados por los ejércitos romanos durante la toma de Jerusalén. Todo ello nos lleva a pensar que antes de los años 68-70, mientras se difundían los primeros escritos del Nuevo Testamento, la idea judeocristiana de Jerusalén reunida en torno a Pedro, Juan y Santiago *el Justo*, hermano de Jesús, era sobre todo impulsada por discípulos de origen esenio».[135]

Émile Puech ofrece una mirada más ponderada de los lazos entre Jesús, el cristianismo naciente y los esenios. Este especialista mundialmente reconocido de los manuscritos del Mar Muerto, miembro destacado de la Escuela Bíblica y Arqueológica Francesa de Jerusalén, es director de investigación, desplazado en Jerusalén para la publicación de los manuscritos del lote legado por Jean Starcky. Dirige desde 1986 la *Revue de Qumrám,* fundada por Jean Carmignac, publicación periódica semestral dedicada por completo a la investigación en Qumrán. Destaca que «por algunos comportamientos y enseñanzas, Jesús estaba cerca de los esenios». Pero subraya también las notables diferencias que había: «Lo primero para Jesús, y que resumía la Ley y los Profetas, era el amor a Dios y al prójimo, el primero y más importante de los mandamientos (Mateo, XXII, 37-40), que superaba los endurecimientos, las discrepancias y los formalismos de los esenios, de los saduceos y de los fariseos… Jesús respondía en relación con el amor al prójimo y a los enemigos: "Amad a vuestros enemigos, rezad por los que os persiguen" o " haced el bien a los que odian, bendecid a los que os maldicen", lo que resultaba contrario a

---

134. Texto de Leví, XVIII, Stéphane Ruspoli, *op. cit.*
135. Stéphane Ruspoli, *op. cit.*

la práctica esenia: "Amad a todos los hijos de la luz, cada uno según su suerte en el propósito divino, y odiad a todos los hijos de las tinieblas, cada uno según su culpabilidad en la venganza de Dios" (I QS, I, 9-10), y todavía: "Y estas son las reglas de comportamiento para el Instructor, durante las etapas referidas a su amor y su odio, odio eterno a los hombres del partido de la perdición" (I QS, IX, 21-22). Este amor a los hombres del partido de Dios y este odio a los hijos de las tinieblas, a los hombres del partido de Belial, surgen perfectamente de las bendiciones pronunciadas por los sacerdotes y de las maldiciones de los levitas en la fiesta de Pentecostés, el día de la entrada del novicio en la alianza o el día de su renovación por los otros (I QS, I, 16; II, 18). Hay también en ello una práctica constante de la comunidad, de la que se encuentran huellas en muchas otras de sus composiciones... ¿Es el cristianismo un esenismo que se ha mantenido? Si es así, se ha transformado fundamentalmente y es irreconocible, abierto a los judíos y a los gentiles, sin exclusividad alguna y con una sola entrada o iniciación, no un largo noviciado elitista, sino el bautismo en el Espíritu, en el nombre de Jesús, muerto y resucitado. El creyente no tiene más secretos para custodiar, sino anunciar al mundo el Evangelio con vistas a la edificación del Cuerpo de Cristo, la Iglesia fundada sobre los Apóstoles. Es esta la novedad radical de la Alianza Nueva y Eterna dentro de una cierta continuidad desde sus orígenes».[136]

Los vínculos entre el cristianismo y el esenismo continúan estando de actualidad si se juzgan las múltiples posiciones de los especialistas en torno a este tema. A través de la mística cristiana y judía se encuentran numerosas convergencias entre las dos tradiciones espirituales.

---

136. Émile Puech y Farah Mébarki, *op. cit.*

DOCUMENTOS ANEXOS

Archivos de la Escuela Bíblica de Jerusalén

Las bienaventuranzas de Qumrán[137]

«Bienaventurado aquel que dice la verdad con el corazón puro y no hay calumnia en su lengua. Bienaventurados los que escogen sus mandamientos y no los caminos de la perversidad. Bienaventurados los que encuentran alegría en aquella y no sienten placer en los caminos de la iniquidad. Bienaventurados los que la buscan con manos puras y no la buscan con un corazón malvado. Bienaventurado el hombre que alcanza la Sabiduría, sigue la Ley del Altísimo, realiza su camino con corazón, practica sus enseñanzas y acepta corregirse siempre con placer, pero no rechaza la aflicción de sus desgracias, no la abandona en tiempos de desamparo y no la olvida en los días de pavor ni la aborrece en la humildad de su alma. Porque siempre piensa en ella y en su desgracia medita sobre la ley durante toda su existencia y la refleja y la pone ante sus ojos para no emprender el camino de los malvados».

La Regla de la guerra[138]

«La conquista de los hijos de la luz será emprendida en primer lugar contra el bando de los hijos de las tinieblas, contra el ejército de Be-

---
137. Fuente: traducción francesa de Émile Puech. *(N. del T.)*
138. Fuente: traducción francesa de André Dupont-Sommer. *(N. del T.)*

lial, contra las tropas de Edom y de Moab, y de los hijos de Amón y la multitud de hijos de Oriente y de Filistea, y contra las tropas de los Kittim de Asiria y su pueblo, que llegarán en ayuda de los impíos de la Alianza, hijos de Leví, hijos de Judá e hijos de Benjamín. La Deportación al desierto combatirá contra ellos porque la guerra se declarará contra sus tropas, cuando la Deportación de los hijos de la luz volverá del desierto de los pueblos para acampar en el desierto de Jerusalén.

»Y, después de la batalla, subirán de abajo las naciones y el rey de los Kittim entrará en Egipto. Y, en su tiempo, él irá hacia delante con gran ira para librar batalla en contra de los reyes del norte, y en su cólera buscará desbaratar y eliminar la fuerza de sus enemigos.

»Habrá llegado el tiempo de salvación para el Pueblo de Dios y la hora de la dominación para todos los hombres de Su bando, así como la aniquilación definitiva de las fuerzas de Belial.

»Allí se producirá un gran desasosiego de los hijos de Jafet, y Asiria caerá sin que nadie la pueda socorrer, y la supremacía de los Kittim desaparecerá, porque será abatida la maldad sin que nada permanezca y sin que haya sobrevivientes entre todos los hijos de la oscuridad.

»¡Levántate, valiente! ¡Conduce a tus prisioneros, Hombre glorioso! ¡Practica valeroso tu saqueo! ¡Pon tu mano en la nuca de tus enemigos y tu pie sobre montones de cadáveres! ¡Golpea a las naciones y a tus enemigos y que tu espada devore la carne culpable! ¡Llena tu país de gloria y tu herencia de bendición! ¡Mucho ganado en tus pastos, plata, oro y piedras preciosas en tus palacios! ¡Oh, Sión, alégrate intensamente! ¡Oh, Jerusalén, emerge en medio de los gritos de alegría! ¡Mostraos, todas las ciudades de Judá! ¡Abre tus puertas permanentemente para llevar a tu casa las riquezas de las naciones! ¡Y que sus reyes te sirvan, y que se postren delante de ti todos los opresores, y que muerdan el polvo a tus pies! ¡Oh, hijas de mi pueblo, estallad en gritos de alegría; mostrad vuestros magníficos adornos!».

La lucha del bien y del mal, y el triunfo final del bien[139]

«El carácter y la suerte de todos los hombres dependen de estos espíritus. De vez en cuando, todas las legiones de la humanidad reciben esta herencia y siguen sus propios caminos; la concepción de cualquier obra depende de esta división en función de la fuerza espiritual de cada uno, en proporción a lo que ha recibido, y así será a lo largo de todos los tiempos. Dios creó en condiciones de igualdad a estos dos espíritus hasta el fin de los tiempos y creo, entre ellos un odio eterno. Así, las obras impías son una abominación para la verdad, mientras que todos los caminos de la verdad son detestables para la perversión. Toda decisión da lugar a un enfrentamiento salvaje porque ambos nunca se entienden. Por los misterios de Su inteligencia y de Su gloriosa sabiduría, Dios ha tolerado que durante un tiempo triunfe la perversidad, si bien, a la hora fijada para su visita la exterminará para siempre. Entonces, la verdad se instalará victoriosa en la tierra. Mancillada por las rutas impías durante el reino de la perversión, a la hora del juicio anunciado la verdad será proclamada. Entonces, Dios purificará por Su verdad todas las obras de los hombres y santificará a una parte de la humanidad para extirpar la perversidad alojada en su carne, depurándola por el Espíritu Santo de toda obra impía. Como agua lustral, derramará sobre cada uno el espíritu de la verdad inaccesible a todas las abominaciones de la mentira y a todas las manchas del espíritu impuro. Así, concederá la inteligencia necesaria para el conocimiento del Altísimo y de la sabiduría de los ángeles, haciendo sabios a aquellos cuya vida es perfecta. Porque Dios los ha elegido para la alianza eterna; y sólo a ellos les llegará toda la gloria de Adán. La perversidad habrá desaparecido y toda obra impía será abocada al oprobio.

»Hasta entonces, los espíritus de la verdad y de la perversión se enfrentan en el corazón de cada uno. Todos los hombres caminan a

---

139. Fuente: traducción francesa de Michael Wise, Martin Abegg y J. R. Edgard Cook. *(N. del T.)*

la vez en la sabiduría y en la locura. Según su participación en el bando de la verdad y de la justicia, el ser odia la perversión. Inversamente, según el mal que ha recibido en herencia, se entrega a la impiedad y siente horror por la verdad. Dios ha hecho iguales a estos dos espíritus hasta los tiempos del juicio y del cambio. Él conoce por adelantado la configuración de sus obras en todas las épocas de la eternidad y les ha permitido dominar a los hombres para darles el conocimiento del bien y del mal, y decidir vivir según el ascendente que cada espíritu tenga sobre él hasta el día fijado para la visita.»

Reglas de conducta de la comunidad[140]

«Esta es la regla para los hombres del Yahad que voluntarios desean abjurar de todo mal y vincularse a todo lo que, según Su graciosa voluntad, Él ha prescrito. Deberán separarse de la congregación de los perversos y no formar más que uno en relación con la Ley y la riqueza. Sus debates se desarrollarán bajo la supervisión de los Hijos de Sadoq —sacerdotes y guardianes de la Alianza— y según la regla de la mayoría de los hombres del Yahad, que están vinculados a la Alianza. Estos orientarán cualquier decisión referida a la Ley, el dinero y el derecho.

»En conjunto practicarán la verdad, la humildad, la caridad, la justicia, la bondad y la modestia por todas las vías. Por consiguiente, nadie seguirá la obstinación de su corazón para ser seducido por este, por sus ojos o por el malvado sobresaliente de su naturaleza, de esta nuca rígida, a fin de establecer un fundamento de verdad para Israel, es decir, para el Yahad de la Alianza eterna. Expiarán por todos los voluntarios de la santidad en Aarón y por los de Israel vinculados a la verdad y por los prosélitos paganos que se unan a ellos en la comunidad. Mediante acusación y juicio condenarán a cualquiera que infrinja una regla».

---

140. Fuente: traducción francesa de Michael Wise, Martin Abegg y J. R. Edgard Cook. (*N. del T.*)

Bibliografía y fuentes principales

Archivos de la Escuela Bíblica de Jerusalén.
Archivos de la Escuela de Arqueología Francesa de Jerusalén.
Archivos del Museo Arqueológico de Palestina, Jerusalén.
Biblia de Jerusalén, Desclée de Brouwer, 2008.
L'Évangile de Marie, l'Évangile de Philippe y l'Évangile de Thomas, traducidos al francés y comentados por Jean-Yves Leloup, Albin Michel, 2003. [Ed. cast.: *El Evangelio de María,* Sal Terrae, 2009; *El Evangelio de Felipe,* Edaf, 2004, y *Evangelio según Tomás,* Obelisco, 2006].
Encyclopédie des religions, Bayard, 1997.
Entrevistas del autor con el padre Dominique Poirot, abril de 2002.
Le nuage d'inconnaissance, Éditions du Seuil, 1997.
Méditation et psychothérapie, «Questions de», n.º 121, Albin Michel, 2000.
ALLEGRO, J.: *The Dead sea scrolls,* Pelican Books, 1964.
AREOPAGITA, D.: *Œuvres complètes,* Aubier, 1954. [Ed. cast.: *Obras completas,* Bibliotecas de Autores Cristianos, 2007].
CAGNOLARI, S.: *Lexique des spiritualités*, Oxus, 2003.
CAMPBELL, J.: *Dead sea scrolls. The complete story*, Ulysses Press, 1998.
CASIANO, J.: *Conférences*, Éditions du Cerf, 1958.
— *Œuvres complètes*, Éditions du Cerf, 1960.
CLÉMENT, O.: *Les mystiques chrétiens des origines*, Stock, 1982. [Ed. cast.: *Aproximación a la oración: los místicos cristianos de los orígenes,* Narcea, 1986].

CLÍMACO, J.: *Œuvres complètes*, Desclée de Brouwer, 1965.
DANIÉLOU, J.: *Les manuscrits de la mer Morte et les origines du christianisme*, Albin Michel, 1974. [Ed. cast.: *Los manuscritos del Mar Muerto*, Razón y Fe, 1961].
DAVIES, P.: *The meaning of the Dead sea scrolls*, Mentour Books, 1956.
DESALVO, J.: *Les manuscrits de la mer Morte. Secrets et histoire*, Evergreen, 2008.
DUPONT-SOMMER, A.: *Les écrits esséniens découverts près de la mer Morte*, Payot, 1963.
EISENMAN, R.: *The Dead sea scrolls and the first christians*, Castel Books, 2006.
FREEMAN, L.: *La méditation, voie de la lumière intérieure*, Éditions Le Jour, 1997.
GARCÍA MARTÍNEZ, F.: *The Dead sea scrolls translated*, Brill and Eerdmans, 1996.
GOBRY, Y.: *Saint François d'Asise*, Éditions du Seuil, 1984. [Ed. cast.: *San Francisco de Asís y el espíritu*, Aguilar, 1959].
GOZIER, D. A.: *Prier 15 jours avec Maître Eckhart*, Éditions Nouvelle Cité, 2000.
HAMEL, C.: *The book. A history of the Bible*, Phaidon, 2001.
HANSON, K.: *Dead sea scrolls: the untold story*, Council Oak Books, 1997.
HODGE, S.: *The Dead sea scrolls rediscovered*, Seaston, 2003. [Ed. cast.: *Los manuscritos del Mar Muerto*, Edaf, 2005].
HUMBERT, J.-B., y E. VILLENEUVE: *L'affaire Qumrán. Les découvertes de la mer Morte*, Gallimard, 2006.
KAPLAN, Rabino Aryeh: *Jewish meditation*, Schocken, 1995.
LAPERROUSSAZ, E.-M.: *L'attente du Messie en Palestine à la veille et au début de l'ère chrétienne*, Éditions Picard, 1982.
— *Les manuscrits de la mer Morte*, PUF, 1985.
LELOUP, J.-Y.: *Écrits sur l'hésychasme*, Albin Michel, 1990.
— *Introduction aux vrais philosophes*, Albin Michel, 1998.
LIM, T.: *The Dead sea scrolls*, Oxford University Press, 2005.

BIBLIOGRAFÍA Y FUENTES PRINCIPALES

MAIN, J.: *Un mot dans le silence, un mot pour méditer*, Éditions Le Jour, 1993. [Ed. cast.: *Una palabra hecha silencio: guía para la práctica cristiana de la meditación*, Sígueme, 2008].

MAURIN, D.: *L'oraison du coeur, un chemin vers Dieu*, Éditions Saint-Paul, 1993. [Ed. cast.: *Un camino hacia Dios: la práctica de la oración del corazón*, Narcea, 1991].

— *Sept leçons sur l'oraison du coeur*, Éditions Médiaspaul, 1998. [Ed. cast.: *Siete lecciones sobre oración del corazón*, San Pablo, 1992].

MÉBARKI, F., y É. PUECH: *Les manuscrits de la mer Morte*, Éditions du Rouergue, 2002.

MEISTER ECKHART: *Œuvres complètes*, Aubier, 1943.

— *Du miracle de l'âme*, Calmann-Lévy, 1996.

ORGOGOZO-FACQ, J.: *Initiation a l'histoire des religions*, Dervy, 1991.

ORÍGENES: *Œuvres completes*, Éditions du Ccrf, 1962.

OURY, G.-M.: *Histoire de la spiritualité catholique*, Éditions CLD, 1993.

PELLÉ-DOUÉL, Y.: *Saint Jean de la Croix et la nuit mystique*, Éditions du Seuil, 1971. [Ed. cast.: *San Juan de la Cruz y la noche mística*, Aguilar, 1963].

PIERRARD, P.: *Dictionnaire des saints*, Larousse, 1987.

RUSPOLI, S.: *Le Christ essénien. L'origine essénienne du christianisme et du Messie de Nazareth*, Éditions Arfuyen, 2005.

SAN AGUSTÍN: *Œuvres complètes*, Éditions du Cerf, 1969. [Ed. cast.: *Obras completas*, Biblioteca de Autores Cristianos].

SAN CLEMENTE DE ALEJANDRÍA: *Œuvres complètes*, Desclée de Brouwer, 1967.

SAN IRENEO DE LYON: *Œuvres complètes*, Desclée de Brouwer, 1960.

SAN JUAN CRISÓSTOMO: *Homilías sobre los Hechos (obra completa)*, Apostolado Mariano, 1991.

SAN JUAN DE LA CRUZ: *Œuvres complètes*, Desclée de Brouwer, 1981. [Ed. cast.: *Obra completa*, Alianza Editorial].

Santa Isabel de la Trinidad: *J'ai trouvé Dieu*, Éditions du Cerf, 1980.

Santa Teresa de Jesús: *Œuvres complètes*, Aubier, 1946. [Ed. cast.: *Obras completas de Santa Teresa de Jesús,* Biblioteca de Autores Cristianos, 2005].

Santa Teresa de Lisieux: *Œuvres complètes*, Éditions du Cerf, 1971. [Ed. cast.: *Obras completas de Santa Teresa de Lisieux,* Monte Carmelo, 2006].

Santo Tomás de Aquino: *La somme théologique*, Éditions du Cerf, 1955. [Ed. cast.: *Suma de teología (obra completa),* Biblioteca de Autores Cristianos, 1988].

Schattner-Rieser, Ú.: *Textes araméens de la mer Morte*, Éditions Safran, 2005.

Sophrony, A.: *Starets Silouane, moine du mont Athos*, Présence, 1996.

Wise, M., M. Abegg y E. Cook, Jr.: *Les manuscrits de la mer Morte*, Perrin, 2003.

DEL MISMO AUTOR, EN FRANCÉS

Les contes populaires de toutes les Pyrénées, Éditions Sud Ouest, 1992.

Gabriele D'Annunzio en France. 1910-1915, Éditions J/D, 1997.

Jacques Chaban-Delmas, Éditions CMD, 1998.

Périgord, l'aventure de la Préhistoire, Éditions CMD, 1999.

Histoire de la France militaire et résistance, Éditions du Rocher, 2000.

Jean-Pierre Schnetzler. Itinéraire d'un bouddhiste occidental, Editions Desclée de Brouwer, 2001.

Les voies de la sérénité, les grandes religions et l'harmonie intérieure, Éditions Philippe Lebaud, 2002.

Regards chrétiens sur le bouddhisme. De la diabolisation aux convergences, Éditions Dervy, 2002.

Lama Guendune, un grand maître tibétain en France, Oxus, 2003.

Lama Namgyal. Vie et enseignement d'un moine bouddhiste occidental, Presses de la Renaissance, 2003.

Les chercheurs d'absolu, Éditions du Félin, 2003.

Rommel (biographie), la fin d'un mythe, Le Cherche-Midi, 2003.

Histoire de la presse en France, Éditions De Vecchi, 2004.

Comme des lions. Le sacrifice héroïque de l'armée française en mai-juin 1940, Calmann-Lévy, 2005.

Les Jésuites, Éditions De Vecchi, 2005.

Les Templiers, Éditions De Vecchi, 2005.

Histoires héroïques et extraordinaires de la Seconde Guerre Mondiale, Éditions Lucien Souny, 2006.

La réincarnation. Histoires vraies, Éditions Trajectoire, 2006.

Les grands ordres militaires et religieux, Éditions Trajectoire, 2006.

Les Missionnaires, Éditions De Vecchi, 2006.

La dérive intégriste, Éditions Acropole, 2007.

Mers el-Kébir, juillet 1940, Calmann-Lévy, 2007.

La guerre italo-grecque 1940-1941, Calmann-Lévy, 2008.

Lourdes la miraculeuse, Éditions Trajecroire, 2008.

Convergences chrétiennes et bouddhistes, Oxus, 2009.

La bataille de Bir-Hakeim. Une résistance héroïque, Calmann-Lévy, 2009.